知人善任 × 力除弊政 × 託孤執政

力挽王朝之傾頹，明朝宰相第一人！

張居正傳

佘守德 著

大廈將傾，大明百年國祚正步入衰亡！

軍事、改革、政治、權謀……

跟著本書的腳步，一窺張居正從少年時代到政治鼎盛的歷程，

以及他在治理、施政於全國的優秀才能！

目錄

汪序……005
盧序……009
第一章　敘論……013
第二章　江陵之時代……017
第三章　江陵之略傳……027
第四章　執政前之江陵（一）——少年時代……033
第五章　執政前之江陵（二）——入仕時代……041
第六章　執政前之江陵（三）——歸田時代……049
第七章　執政前之江陵（四）——再起時代……059

目錄

第八章　江陵之柄政（上）……085
第九章　江陵之柄政（中）……097
第十章　江陵之柄政（下）……107
第十一章　江陵之政術（一）——概說……125
第十二章　江陵之政術（二）——吏治與用人……137
第十三章　江陵之政術（三）——將略與兵略……159
第十四章　江陵之政術（四）——理財政策……175
第十五章　江陵之政術（五）——教育政策……183
第十六章　江陵之政術（六）——治囚與治盜……191
第十七章　江陵之學術與著述……197
第十八章　諸家之評論……207
第十九章　結論……219

汪序

汪序

古所謂社稷之臣，與後世權臣異者，唯在用心公私之間耳。伊周管葛，雖成敗不同，王霸殊術，而其公忠體國則一也。苟利國家，雖叢天下之疑謗，毅然行之而不顧，而天下後世且終諒之。故得主愈專，在位愈久，其流澤遺愛，亦愈深遠。

伊周不可尚已，管葛以來，或取秦之商鞅，唐之李德裕，宋王安石，明張居正配之，稱中國六大政治家。新會梁啟超為傳，顧獨闕江陵，豈文獻不足征，抑論定猶有所疐耶？佘君守德恨其書之未完，旁稽載籍，補為是編，其體例一仍梁氏。

余受而讀之，蓋有數善：江陵身丁叔世，又值暗君，而同莘野重任之心，武侯鞠躬之志，處境艱困，有倍曩時。故屈節以交馮保，奪情以從王事，枉尺直尋，蓋非得已。然而並時既多怨誹之臣，身後復遭腐儒之謗，是非殽亂，百喙交攻。君獨抉其本心，不隨眾議。是為卓識。其善一也。梁氏之文，匪雲閎雅，而委曲條暢，易於流傳，是編雖標傳名，實同史論，步趨梁氏，具見例言。然則律以文體則乖，揆諸眾情則當。是曰適俗。其善二也。讀史者非僅識往，要以喻今。考成敗，驗得失，則知所從違矣，明善惡，慎褒貶，則有所懲勸矣。故曰：「殷鑒不遠，在夏後之世。」又曰：「《春秋》作而亂臣賊子懼。」此物此志也。明代去今未遠，政情民俗，猶有同者，資為龜鑒，諒異陳書。是編雖傳江陵一人，而於有明中葉政治利弊，擿發殆盡，至若刑賞僭濫，賄賂公行，上下相蒙，民情壅遏，凡此數端，尤以不憚反覆致意，詳君自序之言，旨實同於朦誦。是日寓箴。其善三也。

唯論儒法之辨，略有未精。儒家何嘗不重法，特與時為張弛耳。綜核名實，既為政之常規，治亂用重，亦拯弊之要術，寬猛相濟，如用藥然。江陵處痿痺不振之時，非用猛無以起積痾，挽頹運，而其居心立言，藹然仁者，安在其非儒也？唐虞之民，不可復睹，張弛之道，亦既難言；以後來任法者多，而遂謂法治勝於禮治，是不探本原之論也。

余既善佘君書，序而歸之，復附此言以相質，亦猶佘君之志雲爾。

汪東序

盧序

昌法治說者言必及張太岳。不知太岳每以性命與經濟並論，所謂學不究乎性命不可以言學，道不兼乎經濟不可以利用也。君子處世所以制俗，非由俗制。制不在文，常挽以就實。此為法體。治世常自文返質，久則自質而文，文敝則世亂，而乘敝達變是在賢者。不輕易，不苟因，一本其實，於是法行。所謂法制無常，近民為要，古今異勢，便俗為宜。法無古今，唯其時之宜，與民之所安。政以人舉，法貴宜民；法無常良，行之在人。此為法用。

夫人之相與，情不至而後益之以文，信不至而後飾之以禮。聖人能以天下為一家，中國為一人，非意之也，必洞於其情，辟於其義，明於其分，達於其患，然後能為之。

蓋法能不違民，不乖人情，而後體用始備。如是法治吾之所謂情治者也。不究性命必不能通達人情，法失其體矣；不能通達人情必不能制俗便民，法失其用矣。

然今日回國運當以法治始，昌法治尤當以正人情為先。太岳之學之為世重，有以哉！顧今人口中之太岳，但知虎怒蟒嗔之太岳，嚴急少恩之太岳，嚴刑明法之太岳而已；不知有師心之太岳，是不明太岳學之本，亦即不明法治之本也。

吾友贛榆佘君草《張江陵傳》成，屬余一言。余唯江陵事切政術，佘君書論之已詳，不用復贅。而余之所重太岳者在彼不在此，因舉太岳之言語佘君，綴諸卷端，且以質諸今之昌法治說者。

一九四四年五月　盧前

第一章 敘論

第一章　敘論

外史氏曰：所謂大政治家者，豈易言哉？運籌帷幄，決勝千里，此謀士耳；而非吾所謂大政治家也。威震強敵，望重干城，此大將耳；而非吾所謂大政治家也。至若進思盡忠，退思補過，此可謂之純臣矣；而猶非所以語於大政治家也。託孤寄命，忠貞不渝，此可謂之良相矣；而猶非所以語於大政治家也。然則必如之何而後可謂為大政治家哉？必也具有超人之抱負，獨到之主張，而又行之以恆心，持之以毅力；故其能以一人之身，而為天下安危之所繫，以一代之政，而為世運否泰之所關；其所設施，容或不便於當時，而實有裨於後世；其所作為，容或不理於眾口，而實有造於邦家。其始也，必本諸一己之政策，戮力推行，以轉移時勢；其既也，復持其獨具之卓識，力排眾議，而奠定邦基；其終也，卒賴其老成之遠謀，挽回末運，而澤被宇內。若而人者，殆所謂作中流之砥柱，造時勢之英雄；其政績所被，英主固賴之以圖強，庸主亦可因之而免禍，季世固賴之以苟全，叔世更可因之而鼎盛。所謂大政治家者，非此之謂歟？

明乎此義，乃可與論張江陵矣。江陵明之名相；而明之名相，非止一江陵也。前乎江陵者，若夏忠靖，若三楊；與江陵同時者，若徐文貞，若高文襄，固皆卓有建樹，儼然有古大臣之風者也。而無如彼其人者，率皆以書生之本色，當鈞衡之重寄；雖亦具有純臣之操守，良相之規模，顧其所抱負者，既以囿於蕭規曹隨之見，而卑之無甚高論，因之其所設施者，亦遂局於當世一時之利，而政隨其人以息。易言之，彼輩殆皆無一定之政治主張，以為其施政之鵠的；充其極，亦僅佐成小康之治，以稱疊於一時而已。其影響所及，絕非能與吾所謂大政治家者同日而語也。然則以彼例此，吾不得不服膺新會梁氏（啟超）之言，而以江陵為有明一代唯一之大政治家矣。江陵之相業，如輔君、匡政、經武、理財諸端，固亦多步前人之成規，與時賢相伯仲，驟觀之，似亦無以大異於眾也。然其所以卓然超出於眾，自別於一般之純臣良相，巍然躋於中國以至世界大政治家之列，而能當之無愧者，則以其具有超人之抱負，獨到之主張，而又行之以恆心，持之以毅力；故其設施雖不便於當時，作為雖不理於眾口，而其影響於天下後世，所以補其闕而匡其失，正其本而清其源者，則至深且巨。無惑乎其終能轉移時勢，奠定邦基，而末運且賴以挽，宇內咸被其澤也。夫以有明中葉之由盛而寖衰，嘉隆時代內憂外患之交集，而江陵者，乃不恤受攬權之惡謗，被負友之重嫌，冒震主之不韙，干奪情之非議，兢兢焉第求政策之推行，凜凜然唯謀時勢之轉變。以視諸葛武侯之夾輔幼王，支撐危局，鞠躬盡瘁，死而後已者，後人何必不如前；再以方諸泰西大政治家，如馬志

第一章　敘論

尼、俾斯麥諸人者，又寧遑多讓乎？至若明代諸名相，如上述之夏、楊、徐、高諸公者，則等諸自噲矣。然而生不見諒於愚昧之同儕，死復獲咎於昏庸之幼主，甚且眾口鑠金，積非勝是，史籍所載，泰半謗言。彼愚昧之徒，惑於世俗斗筲之見，不能瞭然於江陵匡扶之苦心，而徒執一二微疵，斤斤焉以議於後而掣其肘；而昏庸之主，復狃於安富尊榮之習，不能無憾於江陵諍勸之嚴規，而遂信宵小浮言，悻悻然以加之罪而沒其功；彼以其昏庸愚昧而出此，固自無損於江陵偉大之人格。所不能令人無憾者，則以一代唯一之大政治家，若江陵其人者，而坐令其橫遭埋沒，飲恨千秋，且與唐之李衛公同其不幸之命運。其所施於天下後世者如彼，而其所食之報顧如此。使人世而竟無真正之是非公論者，則毀譽之加，區區又奚足道；使人世而終有真正之是非公論者，則天下不平之事，寧有更逾於此者乎？然則掃盡浮言，別成信史，明是非而垂久遠，撥雲霧而見青天，斯亦匪異人任矣，吾又安能已於言也？於是作《張江陵傳》。

第二章 江陵之時代

第二章　江陵之時代

大政治家以於其所處之時代，譬猶機器之大齒輪然。大齒輪者，受發動機之推動，而同時又推動小齒輪者也。其在大政治家，則歷史之趨勢者，其所由推動之發動機也；而天下後世者，則其所推動之小齒輪也。故大政治家之功業，無不由於歷史趨勢之推動，而其功業之成果，則又足以推動天下後世者也。然則江陵所處之時代，果何如乎？請以歷史的眼光，就當時之世界及本國情勢分別觀察而論述之。

就世界歷史之眼光以觀，則江陵所處之時代，為十六世紀之中葉。斯時之歐洲，正當文藝復興之後，宗教改革鼎盛之時；列國間多從事於宗教戰爭，而其國內亦多以政教紛爭而未歸於統一；中世紀之封建社會，雖已開始動搖，而助成國家統一之君主專制制度，則尚未能成立；新大陸雖因航路初通而已被發現，而歐洲與美、亞兩洲間之交通，則仍甚阻隔。蓋彼時之歐洲各國，均尚未成為現代之國家，其政治文化各方面，自亦幼稚無足稱道。至若美洲，則更系洪荒乍辟，初無任何國家之存在。即與中國同居亞洲之日本，亦尚徘徊於分崩離析之封建時代，而未及完成其內部之統一。環顧當時之世界，厥唯中國具有數千年之歷史，擁有亞洲大陸大部之土地；以言學術文化，則燦然而美備；以言君主專制制度，則蒂固而根深。其為當時全世界唯一之大帝國，自可居之而不疑。江陵乃適於此際，身居此大帝國之相位，手握此大帝國之政權者，前後達十餘年之久；而此大帝國且賴其不朽之功業，由中衰而臻於復興；旋乾轉坤，經綸卓絕，周視寰宇，獨具雄姿。則謂為當時全世界唯一之大政治家，又豈有愧色乎哉？

至就本國歷史之觀點言之，則江陵所處之時代，正當明室由盛而衰由衰轉盛之際會；而主持此大轉變之機紐者，又即江陵其人。是其撥亂反正之殊勛，更足使其坐享大政治家之榮銜而無愧矣。明自太祖以一布衣而躋萬乘之尊，其創業垂統之功，殆唯漢高帝足與後先輝映。再繼以成祖、仁宗之安內攘外，有明一代大一統之基礎，遂於焉奠定。自後百餘年間，雖其嗣君未能盡致郅隆之治，顧其國勢則以承平既久，而蒸蒸日上。乃降至武宗，而明之國勢浸衰，再傳至世宗，而明之國勢，竟幾至一蹶而不可復振。按其中衰之跡，則以正德（武宗年號）時代，中部既有宸濠之變，海疆復有倭寇之警，而武宗寵任寺人劉瑾，尤足以紊亂朝綱，摧殘士氣，致使洪武（太祖年號）以來百餘年之深仁厚澤，幾為之摧毀無餘。世宗繼統以後，即有小王子、吉囊等寇邊之患，而尤以俺答犯邊肆擾，為禍最烈。至嘉靖（世宗年號）二十九年，遂有「庚戌之變」，寇薄京師，邊將至莫敢攖其鋒，武功之不振，於斯蓋已達於極點矣。外患之猖獗如此，顧明之君臣則何如？試就史籍之所載，而一觀其究竟：

嘉靖中，又有方技濫官之秕政。邵元節以禱詞有驗，封為清微妙濟守靜修真凝元演範志默秉誠致一真人，統轄朝天、顯靈、靈濟三宮，總領道教，錫金玉印象牙印各一，班二品，紫衣玉帶，以校尉四十人供灑掃。尋又賜「闡教輔國」玉印，進授禮部尚書，給一品服；廕其孫啟南為太常丞，進少卿，曾孫時雍為太常博士。其徒陳善道亦封清微闡教崇真衛道高士。又有陶仲文以符水治鬼，封神霄保國宏烈宣教振法通真忠孝秉一真人，累進禮部尚書少保少傅少師。明代一人，兼三孤者，仲文一人而已。尋又封恭誠伯，歲祿二百石，廕其子世同為太常丞，世恩為尚寶丞，婿吳濬、從孫時雍為太常博士。其他段朝用、龔可佩、藍道行、王金、胡大順、藍田玉、羅萬象之流，亦皆以符咒煉扶鸞之術，競致顯榮。甚至顧可學官浙江參議，亦以煉秋石得幸，超拜工、禮二部尚書；盛端明官副都御史，亦以通曉藥術，拜工禮二部尚書；朱隆禧官順天府丞，亦以長生祕術，加禮部侍郎。則不唯方士藉以干進，即士大夫亦以之希榮邀寵矣。（趙翼《廿二史札記》卷三十四）

嚴嵩。……自是益務為佞悅帝（世宗）。……諸宗藩請恤乞封，挾取賄賂。……

嵩無他才略，唯一意媚上，竊權罔利。…… 嵩父子（謂其子世蕃）獨得帝竅要；欲有所救解，嵩必順帝意痛詆之，而婉曲解釋，以中帝所不忍；即欲排陷者，必先稱其美，而以微言中之，或觸帝所恥與諱。以是移帝喜怒，往往不失 ……（《明史》嵩本傳）

夫以當時國勢之阽危有如彼，而明之君庸臣奸又如此，則忠君愛國如江陵者，時雖居於閒曹，然其憂時之心，自不容其坦然坐視，又安能已於言哉？乃以一翰林官，於嘉靖二十八年上疏，痛切陳詞，以冀挽回國勢於萬一，其疏曰：

臣聞明主不惡危切之言以立名，志士不避犯顏之誅以直諫，是以事無遺策，功流萬世。故嫠婦不恤其緯，而抱宗國之憂。臣雖卑陋，亦廁下庭之列，竊感當時之事，目擊心懷，夙夜念之熟矣；敢披肝膽，為陛下陳之，伏維聖明少留意焉。臣聞天下之勢，譬如一身。人之所恃以生者，血氣而已。血氣流通而不息，則薰蒸灌溉乎百肢，耳目聰明，手足便利而無害；一或壅閼，則血氣不能升降，而臃腫痿痺之患生矣。臣乃推今之事勢，血氣壅閼之病一，而臃腫痿痺之病五，失今不治，後雖療之，恐不易為力矣；臣敢昧死以聞。

臣聞天地交而其道通，上下交而其志同，為泰；泰者，通也。天地不交，其志不同，為否；否者，塞也。故天地交而能成化育之功。上下交而能成和同之治。臣不敢以久遠喻，直以近事言之。昔者孝宗皇帝之急於求治也，早朝宴罷，親信大臣奏事，輒屏左右近侍之人，或日昃不倦；臺諫有言，皆虛己納之，雖甚狂悖，不罪也。百工奉職，官無留事，德澤旁洽，流於無窮，一時際會之盛，至今可想也。今陛下即位以來，二十八年矣；自成祖以來，歷年之久，未有過於陛下者。功化之美，固宜上追唐、虞，而近配烈祖。乃今陰陽不調，災異數見，四夷未賓，邊塵屢警，猶不能不勤宵旰之憂者，意奉職未得其人歟？抑上下之志猶有所未通耳。今群臣百僚不得望陛下之清光，已八九年；雖陛下神聖獨運，萬幾之務無有留滯，然天道下濟而光明，自古聖帝明王，未有不親近文學侍從之臣而能獨治者也。今陛下所與居者，獨宦官宮妾耳。夫宦官宮妾，豈復有懷當時之憂，為宗社之慮者乎？今大小臣工，雖有懷當時之憂，為宗社之慮者，而遠隔於尊嚴之下，懸想於於穆之中，逡巡噤口而不敢盡其愚。異日以臺諫不言之故，常加譴責矣，是臣下不匡之刑也；而至今無一人舉當時之急務以為言者，無已，則毛舉數事以塞責。夫以刑罰驅之而猶不敢言，若是者何？雷霆之威不可干，神明之尊不可測，陛下虛己好諫，未盡暴著於臣下故也。是以大臣雖欲有所建明而未易進，小臣雖欲有所獻納而未敢言。由此觀之，血氣可謂壅閼而不通矣；是以臃腫痿痺之病，乘間而生。其大者：曰宗室驕恣，曰庶官瘝曠，曰吏治因循，曰邊備未修，曰財用大匱。其他為聖明之累者，不可以悉舉，而五者乃其尤大較著者也。

臣聞今之宗室，古之侯王；其所好尚，皆百姓之觀瞻，風俗之移易所繫。臣伏睹祖訓，觀國朝之所以待宗室者，親禮甚隆，而防範亦密。乃今一二宗藩，不思師法祖訓，制節謹度，以承天休；而舍侯王之尊，競求真人之號，招集方術逋逃之人，惑民耳目，斯皆外求親媚於主上，以張其勢，而內實奸貪淫虐，陵轢有司，朘刻小民，以縱其欲。今河南撫臣又見害矣；不早少創之，使屢得志，臣恐四方守臣，無復能行其志，而尾大之勢成，臣愚以為非細故也。所謂宗室驕恣者此也。

臣聞才者材也，養之貴素，使之貴器；養之素則不乏，使之器則得宜。古者一官必有數人堪此任者，是以代匱承乏，不曠天工。今國家於人才，素未嘗留意以畜養之，而使之又不當其器；一言議及，輒見逐去，及至缺乏，又不得已輪資逐格而敘進之，所進或頗不逮所去。今朝廷濟濟，雖不可謂無人，然亦豈無抱異才而隱伏者乎？亦豈無罹微玷而永廢者乎？臣愚以為諸非貪婪至無行者，盡可隨才任使，效一節之用；況又有卓卓可錄者，而皆使之槁項黃馘，以終其身，甚可惜也，吏安得不乏？所謂庶官瘝曠者此也。

守令者，親民之吏也。守令之賢否，監司廉之；監司之取捨，銓衡參之；國朝之制，不可謂不周悉矣。邇來考課不嚴，名實不核，守令之於監司，奔走承順而已；簿書期會為急務，承望風旨為精敏。監司以是課其賢否，上之銓衡。銓衡又不深察，唯監司之為據；至或舉劾參差，毀譽不定。賄多者階崇，巧宦者秩進。語曰：「何以禮義為？財多而光榮。何以謹慎為？勇猛而臨官」。以此成風，正直之道塞，勢利之俗成，民之利病，俗之汙隆，孰有留意者乎？所謂吏治因循者此也。

夷狄之患，雖自古有之，然守備素具，外侮不能侵也。今虜驕日久，邇來尤甚，或當宣大，或入內地，小入則小利，大入則大利。邊圉之臣，皆務一切幸而不為大害，則欣然而喜，無復有萬世之慮，建難勝之策者。頃者陛下赫然發奮，激勵將士，雲中之戰，遂大克捷，此振作之效也。兵法曰：「無恃乎不來，恃吾有以待之。」乘戰勝之氣，為預防之圖，在此時候，而迄於無聞。所謂邊備未修者此也。

天地生財，自有定數。取之以制，用之有節，則裕；取之無制，用之不節，則乏。今國賦所出，仰給東南；然民力有限，應辦無窮，而王朝之費，又數十倍於國初之時；

大官之供，歲累巨萬，中貴征索，溪然難盈，司農屢屢告乏。夫以天下奉一人之身，雖至過費，何遂空乏乎？則所以耗之者，非一端故也。語曰：「三寸之管而無當，不可滿也」。今天下非特三寸而已，所謂財用大匱者此也。五者之弊，非一日矣。

然臣以為此待臃腫痿痺之病耳，非大患也。如使一身之中，血氣升降而流通，則此數者可以一治而愈。夫唯有所壅閉而不通，則雖有針石藥物無所用。伏願陛下覽否泰之原，通上下之志，廣開獻納之門，親近輔弼之佐，使群臣百寮皆得一望清光，而通其思慮，君臣之際，無所關格，然後以此五者分職而責成之，則人人思效其所長，而積弊除矣，何五者之足患乎？臣聞扁鵲見桓公曰：「君有疾，不治將深」！桓公不悅也。再見，又言之。三見，望之而走矣。人病未深，固宜早治；不然，臣恐扁鵲望之而走也。狂瞽儒臣，輙觸忌諱，惶悚無已。雖然，狂夫之言，而聖人擇焉。伏維聖明少留意於此，天下幸甚！（《全集．論時政疏》）

此疏所謂「血氣壅閼之病」，純係針對世宗本身立論，不啻予以當頭棒喝；而所謂「臃腫痿痺之病」，尤足對當時時勢痛下針砭。斯時之江陵，以一疏遠小臣，而鯁直敢言如此，其大政治家之風度，已於此露其圭角矣。顧其全疏所指陳者，既與當時君庸臣奸

第二章　江陵之時代

之積病大相鑿枘，其未觸君上雷霆之怒，斧鉞之誅，已屬萬幸，更安望世宗之能採納其言乎？固無怪世宗之漠然置之，而國勢且愈趨於衰弱不振，幾成不可收拾之局也。

江陵所處之時代，其情形蓋如此。此種歷史趨勢，既經其身受目擊，則所以刺戟而推動之者，自足使其反應之於不自覺。厥後世宗即世，穆宗繼統，江陵以潛邸舊臣之關係，原已簡在帝心，又重之以徐文貞之汲引，而江陵遂於期年之間，由學士五品之官，一躍而躋於卿貳之位。及其柄執國政，遂一意本其法家嚴正之精神，一洗當時疲玩萎靡之積弊，而當時之國勢，終賴之由中衰而轉成復興之局。雖以繼起無人，功業中絕；然以神宗之昏庸，其於江陵歿後，猶獲坐享承平近二十年，苟易以聰明有為之君，則明祚之鼎盛綿延，殆意中事。吾故曰：大政治家者，猶機器之大齒輪然，其功業無不由於歷史趨勢之推動，而其功業之成果，則又足以推動天下後世者也。

第三章
江陵之略傳

第三章　江陵之略傳

江陵諱居正，字叔大，號太岳。其先廬州合肥人。始祖福以壯士從太祖起濠，渡江，克採石，從大軍定吳、越、閩、廣，累功授歸州長寧所千戶。其四世孫自秭歸徙家江陵，遂為江陵人。高祖名旺；曾祖名誠字懷葛；祖名鎮字東湖：皆家居不仕。懷葛為人有長者風，施德於人，不食其報，得錢即以周貧乏，以是有聲於鄉里。懷葛生三子，而鎮居次。鎮豪宕任俠，不事生產，又弗業儒，然懷葛顧獨愛之。鎮生文明，即江陵父也。文明字治卿，號觀瀾，經明行修，為時望所屬；然數奇，七上有司不第，遂棄去，鄉居教子，以布衣終其身。

（按）江陵之先世，類皆庸德之行，庸言之謹，其家僅屬小康之產，其人亦第中人之資而已，非有養尊處優之足恃，豐功偉業之足稱也。以視李衛公之席豐履厚，相業傳家者，殆猶遠不逮焉。嗚呼！此正天之所以啟江陵之衷而助其成功者也。夫以其家無足恃之產，人無可傳之業，則自消極言之，固可免其蹈於驕奢淫佚之惡習，而自積極言之，尤足促其奮鬥向上而有餘。加以其父既屢試不售，則其一腔鬱鬱不平之氣，無可發洩，自不得不以其平生之希望，轉而寄託於江陵之一身。觀江陵述其為人，謂其「幼警敏，為文下筆立就，不復改竄，口占為詩，往往有奇句；然不能俯首就繩墨，循槼矱，以是見屈於有司。性任真坦率，與人處，無貴賤賢不肖，咸平心無競，不宿仇怨，人亦無怨恨之者。……其自奉甚約，每食未嘗過二器。……凡服食器物雖至敝壞，不以分給諸子，妾媵皆不得衣帛……」（《先考觀瀾公行略》）則其所以誘導江陵以恭儉之道，啟示江陵以為學之方者，必有以大過人者在。然則江陵日後偉大之成就，孰非其純樸之家風，嚴明之庭訓，有以助成之哉？君子觀於此，竊嘆賢父兄之大有造於子弟，而家庭教育之不可以無也。

江陵以明世宗嘉靖四年（西元一五二五年）生。十二歲補博士弟子員。十六歲舉於鄉。二十三歲成進士，選庶吉士，讀中祕書。二十五歲授翰林院編修，上陳時政疏，不報。三十歲以體故孱弱，遂告假歸鄉養病，自是山居者六年。嘉靖三十九年，年三十六，以其父觀瀾不欲其家居以坐廢，懼傷父意，不得已復出。赴京，遂以右春坊右中允管國子監司業事。四十一年，因徐階之薦，充《承天大志》副總裁；既受命，甫八閱月而手自脫稿，為十二紀以獻。四十二年，以右春坊右諭德兼充裕王講官。四十五年，進翰林院侍讀學士。掌院事。穆宗隆慶元年，年四十三，進禮部右侍郎兼翰林院學士。復以帝加恩侍從藩邸諸臣，進吏部左侍郎兼東閣大學士，直內閣。尋充《世宗實錄》

第三章　江陵之略傳

總裁，進禮部尚書武英殿大學士。二年，加少保兼太子太保，是年八月上《陳六事疏》，為日後柄政之綱領。四年，加太子太傅吏部尚書，蔭一子中書舍人，是年十二月加少傅兼建極殿大學士，蔭一子尚寶司丞。五年，充會試主考官。六年，加少師兼太子太師，予一子錦衣衛正千戶，世其官。是年五月穆宗崩，與高拱、高儀同受顧命輔政。未幾拱罷去，儀旋卒，公乃一人柄政。神宗萬曆元年，年四十九，進中極殿大學士。四年，加特進左柱國，進太傅，支伯爵俸，賜璽書獎勞，賜宴禮部。十年（西元一五八二年），進太師。是年夏六月公薨，時年五十八。贈上柱國，謚文忠，歸葬江陵故籍。十二年正月，追奪官階。至天啟（熹宗年號）中，以都御史鄒元標言，始追述其功，詔復故官，予祭葬。崇禎（莊烈帝年號）中，又復其恩蔭及誥命焉。

江陵昆弟凡四人，而江陵居長，弟曰居敬、居易、居謙。江陵元配顧氏，繼配王氏。生子六：長敬修，禮部主事；次嗣修，進士，翰林院編修；次懋修，進士，翰林院修撰；次簡修，錦衣衛指揮同知；次允修，秀才；次靜修。女一，適劉戡之。江陵既論罪，靜修以不勝張誠等之刑責，自誣服寄三十萬金於王篆、曾省吾、傅作舟家，尋自縊死。居易與嗣修俱發戍煙瘴。熹宗追復江陵官，莊烈帝後亦以敬修孫同敞請，復敬修官，並授同敞中書舍人，《明史》載稱同敞負志節，感帝恩，益自奮。崇禎十五年奉敕慰問湖、廣諸王，因令調兵雲南。未覆命，兩京相繼失，走詣福建。唐王亦念江陵功，復其錦衣衛世蔭，授同敞指揮僉事。尋奉使湖南，聞汀州破，依何騰蛟於武岡。永明王用廷臣薦，改授同敞侍讀學士。為總兵官劉承蔭所惡，言翰林吏部督學必用甲科，乃改授同敞尚寶卿。以大學士瞿式耜薦，擢兵部右侍郎，兼翰林侍讀學士，總督諸路軍馬。同敞有文武材，意氣慷慨；每出師，輒躍馬為諸將先；或敗奔，同敞危坐不去，諸將復還，戰或取勝，軍中以是服同敞。清兵破嚴關，諸將盡棄桂林走，城中虛無人，獨式耜端坐府中。適同敞自靈川至，見式耜，式耜曰：「我為留守，當死此。子無城守責，盍去諸？」同敞正色曰：「昔人恥獨為君子，公顧不許同敞共死乎？」式耜喜，取酒共飲，明燭達旦。侵晨被執。諭之降不從，令為僧亦不從，乃幽之民舍，雖異室，聲息相聞，兩人日賦詩倡和，閱四十餘日，整衣冠就刃，顏色不變。而江陵第五子允修，亦於張獻忠掠荊州時，題詩於壁，不食而死。（《明史》江陵本傳）

（按）江陵夾輔神宗，厥功至偉；而神宗愚騃而貪，惑於群小之言，幾令江陵身後遭僇屍之慘。明之刻薄寡恩，自太祖開國時已然，況其末流所趨，有不變本加厲者乎！

第三章　江陵之略傳

乃同敞不念舊惡，唯感君恩，慷慨成仁，克盡臣節。觀其從容就難，視死如歸，大義凜然，千載下猶有生氣。是其祖訓昭垂，養之有素，一門忠進，有自來矣！今世之人，當國難嚴重之時，每多朝猶高據要津，夕竟甘心附逆者，其放棄國民之天職，促成民族之危機，自外生成，萬死猶有餘辜。以視同敞者流，其賢不肖相去為何如哉！是以君子觀乎此，而深感恢復民族固有道德之刻不容緩也。

第四章

執政前之江陵（一）——少年時代

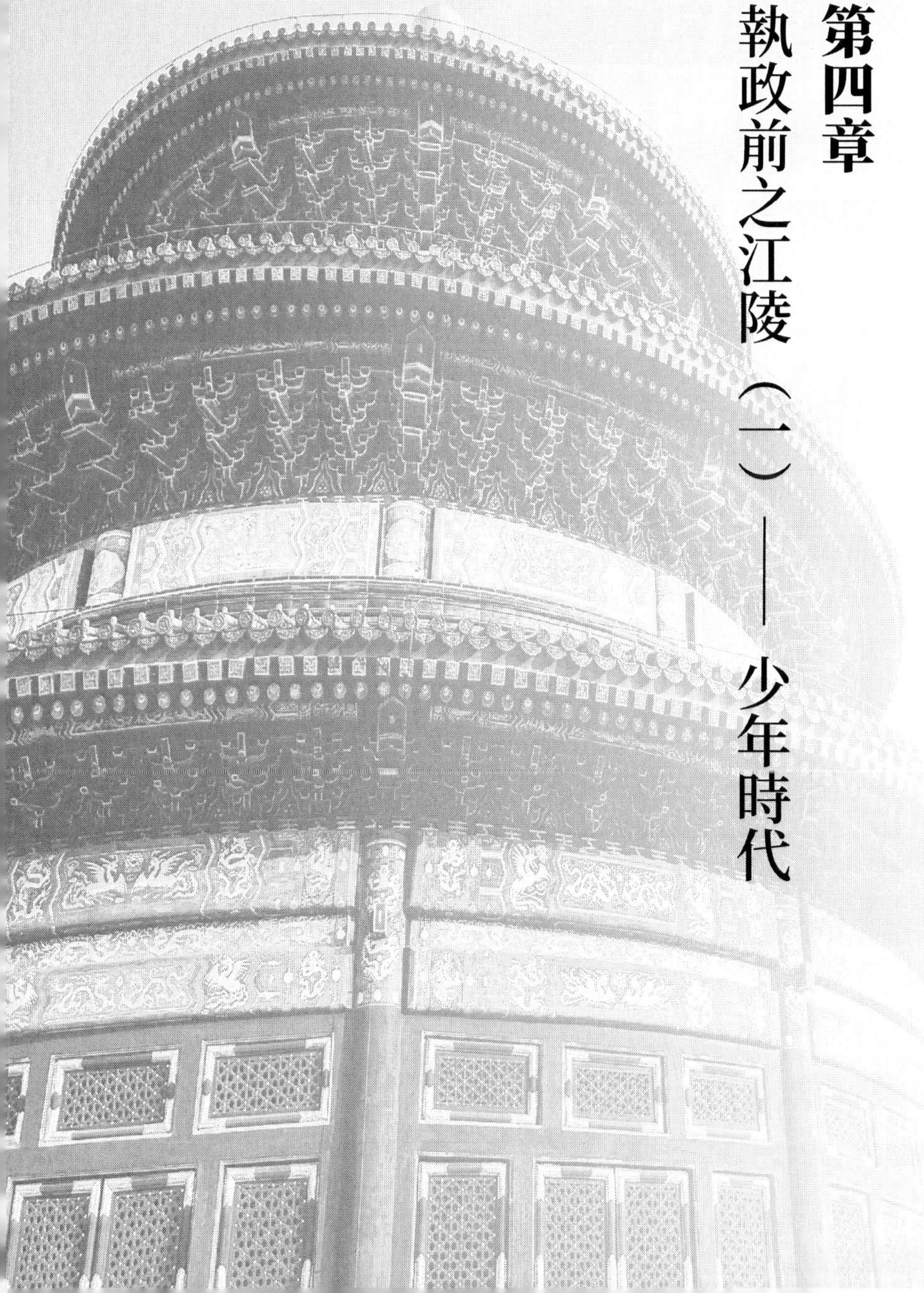

第四章　執政前之江陵（一）—— 少年時代

新會梁氏啟超之論王荊公也，有云：「古之天民與大人者，必有其所養。觀其所養，而其所樹立可知也；觀其所樹立，而其所養可知也。」吾則以為所謂天民與大人者，其所樹立固由於養之之有素；而其所以養之者，則每淵源於其父母戚黨之愛重，與夫老師宿儒之期許。蓋以父母戚黨之愛重之也厚，則所以督教之也嚴，而其自視也亦愈高；老師宿儒之期許之也深，則所以激勵之也切，而其自信也亦愈堅。自視高而自信堅，則其所以養之者，又安得而不加人一等乎？謂吾不信，則請一觀夫少年時代之江陵。江陵之生也，相傳有月精之瑞，故其初名曰白圭，其後郡守李公之初見之也，亦傳有夢授符璽之兆，始為易名曰居正。此其為荒誕無稽之神話，固無足以深論置信之價值。然在民智未開之時代，此類神話性的傳說，自足增強其父母戚黨之愛重，愛重之也既厚，則督教之也亦嚴。況又加以江陵幼時之穎悟絕倫，至未離襁褓而即有神童之目，此在其父母戚黨之心理，更足堅其生有自來之信念。宜乎長老先生之識者，皆期之以公輔，而其父母戚黨所以督教之者，亦更有異於尋常也。彼其五歲而記句讀，十歲而通六經，其早慧固有以致之，然亦未始非都教之功，夫豈偶然也哉？而其自視之高，則已於此肇其端矣。及其十二歲就試於有司，又為郡守李公及督學田公所激賞。《行實》記其事云：

嘉靖十五年丙申，就試有司。大司徒李公士翱為郡太守，先一夕，夢上帝剖符封識玉璽，令授一童子。明日，進所取士於庭下，太師（謂江陵）名在第一。李公攝太師升階，目攝童子何如人，果夢中所見者，乃大喜，更太師初名，曰：「白圭不足名子，子他日當為帝者師，余聞命天皇上帝矣，願自愛」！會督學使者田公頊行部至郡，李公具言郡中有童子能文大奇。田公立召之至，試南郡奇童賦，援筆立就，無所點竄。田公目視李公曰：「太守試以為孺子何如賈生」？李公再拜賀曰：「賈生殆不如也」。田公謝曰：「雖頊亦以為不及也」。遂補太師博士弟子高等。適摹得唐北海太守李邕《南嶽碑》。田公讀未竟，即以與太師，曰：「子之才，他日無論北海矣！」

嗚呼！異征之說，雖屬附會其辭，而田、李二公者，固當世之老師宿儒也，其於江陵期許之心何切，而其精誠抑何動人之深也！此在一髫齡童子得之，安得不因其激勵所加，而遂自信彌堅乎？此其促進江陵當時之修養，與夫日後之樹立者，又豈淺鮮也哉？雖然，天之所以啟江陵者，猶不止此也。夫自視過高者，恆易流於傲；自信過堅者，恆易流於慢。使江陵竟由此扶搖直上，莫成蹉跎，則以其早熟之天才，或且自恃其聰明，視取金紫如拾芥；侈心既萌，勢將流於傲慢而不自覺。如此則其所修養與樹立之果何若，固猶在未可知之數也。顧天乃假手一顧璘，先姑微挫之，以抑其傲慢之氣；繼復激勵之以奮其向上之心。於是其向之自視甚高者，因微挫而更自知有所短；向之自信甚堅者，因激勵而益自展其所長。傲慢之氣抑，而修養之道以明；向上之心奮，而樹立之基以奠；無恃蓍龜而知其日後之必底於成矣。試觀江陵十三歲應鄉試時之情形：

時大司寇顧公璘開府楚中。顧公者，故海內所稱矯然名世臣也。一見，知太師王佐才，語直指使者馮公曰：「張孺子天授，即令早在朝廷，宜亦無不可。然余以為莫若老其才，他日所就當亦不可知耳。此使君事也，使君其圖之」！於是太師棘中所射策業，為觀察使陳君束所稱，陳君以為請，而馮公竟用顧公言，置勿第。（《行實》）

此顧公欲老其才，而姑微挫之以抑其傲慢之氣者也。再觀其十六歲鄉試獲雋以後之情形：

至庚子乃第，會顧公以大司空有事於獻皇帝陵園，太師過謁顧公。顧公曰：「張生幸過我。大器晚成，此自中材，僕誠不當以中人薄視吾子，遲吾子三年作相。然僕誠見解承旨（解縉）奇才，高皇帝遣歸受學，德念甚厚，即令謹待十年未晚，而承旨曾不少下，卒以此為世悲嘆。我所為語馮侍郎者，願吾子志伊學顏，毋徒以秀才獨喜自負也。」

久之別去，顧公親屬文贈之，又解所繫束帶為賀，曰：「此非子所就，聊以明呂虔意耳。」（同上）

此又顧公欲大其器，面復激勵之以奮其向上之心者也。夫顧公者，固所謂矯然名世臣者也，其所期許江陵者有如此，宜乎江陵於柄致以後，猶深致其感激之忱於顧公之知遇也。此於其與趙麟陽書可以見之。

僕昔年十三，大司寇東橋顧公時為敝省巡撫，一見即許以國士，呼為小友。每與藩臬諸君言：「此子將相才也，昔張燕公識李鄴侯於童稚，吾其庶幾」云云。又解束帶以相贈，曰：「子他日不束此，聊以表呂虔意耳。」一日，留僕共飯，出其少子今名峻者，指示之曰：「此荊州張秀才也，他年當樞要，汝可往見之，必念其為故人子也。」僕自以童幼，豈敢妄冀今日？然心感公之知，思以死報，中心藏之，未嘗或忘。

江陵既經顧公之激勵，於是向之潛心舉業，視為干祿之階者，至是乃轉移其旨趣，而從事於舉業以外古典之研求。觀其日後自述謂：

吾昔童稚登科，冒竊盛名，妄謂屈、宋、班、馬了不異人，區區一第，唾手可得，乃棄其本業而馳騖古典。比及三年，新功未完，舊業已蕪。今追憶當時所為，適足以發笑而自點耳。甲辰下第，然後揣己量力，復尋前轍，晝作夜思，殫精畢力，幸而藝成；然亦僅得一第止耳，猶未能掉鞅文場，奪標藝院也（《示季子懋修》）。

繹其語意，猶若以「棄其本業而馳騖古典」為失策。此自干取祿位之觀點言之，誠有似乎失策，即其於二十歲赴京會試，又經一度之落第，亦莫非其荒廢舉業之影響，宜其舉之以誡其子。而實則江陵所以成為「將相才」，一如顧公之所期許，而不僅「掉鞅文場，奪標藝院」，如屈、宋、班、馬之以文人終其身者，何莫非「棄其本業而馳騖古典」有以使之然哉？何以言之？則以所謂舉業者，其範圍不出於當時通行之《四書五經大全》，其形式亦不外乎為古人立言之八股，究其極亦第專制帝王所籍以籠絡文人之工具而已，以之干取祿位固猶可，苟欲以之經世濟民，則猶緣木而求魚也。縱令江陵「晝作夜思，殫精畢力」，以終其身，亦止成為皓首窮經之腐儒已耳，於其日後之相業何有哉？至若所謂古典者，雖未確知其何所指，然既自謂為「馳騖」，則其涉獵之博，研討之多，當有遠出於制藝範圍以外者。以江陵之穎悟絕倫，而乃逞其才氣；博覽群書，俾知舉業而外，猶有大學問在，則其於自由探討之餘，思想有不縱橫馳騁，學術有不突飛猛進者乎？於是江陵乃不僅視潛心舉業為已足，而別明其修養之道；不僅視干取祿位為要圖，而別奠其樹立之基矣。然則其日後不僅以文人終其身，終竟成為「將相才」，巍然躋於中國之至世界大政治家之列者，非幸也，彼固有以養之也；而其所以養之者，則又淵源於父母戚黨之愛重與督教，與夫老師宿儒之期許與激勵也。嗚呼？江陵遠矣。今世之少年，其父母戚黨所以愛重而督教之者，非必有遜於當時之江陵也；老師宿儒所以期許而激勵之者，或且遠過於當時之江陵也；觀夫江陵之所樹立，其亦察其樹立之由來，而亟求有以養之哉！

第五章

執政前之江陵（二）——入仕時代

第五章　執政前之江陵（二）—— 入仕時代

江陵以馳騖古典而棄其本業，致有初赴會試之失敗，固已如上述。但明代為科舉之時代，凡文人之居宰輔而執鈞衡者，非由科舉出身莫能致。因之江陵雖已於馳騖古典之中，別有其所修養之道，顧仍不得不重攻舉業，以謀進身之階。蓋以苟非如此，則以其家世之平凡，欲求廁身政治，必且不可得，遑論柄執國政，大展經綸乎？乃經其三年「晝作夜思，殫精畢力」之結果，終獲於二十三歲時成進士。於其舉業生活乃告一結束，而其三十年之政治生涯遂亦於茲發軔矣。

江陵以嘉靖二十六年入仕，三十三年告歸。此七年中，因其於會試中式以後，初既膺庶常之選，繼復晉編修之職，始終服官翰林；而翰林為清要之官，庶常更以讀書為其本職，於是其向之所修養者，不唯未因廁身政治而稍蒙影響，且以其精研載籍而造詣益深。蓋至是江陵始獲本其天縱超人之質，盡讀翰苑「中祕」之書，於馳騖古典而外，更獲一廣其涉獵之範圍，從事於當代文物典章之探討，與夫政情世務之研求。觀其《翰林院讀書記》一文，已可略見其造詣之奚若。茲節引其說於左：

學不究乎性命，不可以言學；道不兼乎經濟，不可以利用。故通天地人，而後可以謂之儒也，造化之運，人物之紀，皆賴吾人為之輔相；綱紀風俗，整齊人道，皆賴吾人為之經綸；內而中國，外而九夷八蠻，皆賴吾人為之繼述。故操觚染翰，騷客之所用心也；呻章吟句，童子之所業習也。二三子不思敦本務實，以眇眇之身，任天下之重，預養其所為，而欲借一技以自顯庸於世。噫，甚矣其陋也！且道德者，事之實也；文詞者，德之華也；故尚行則行有枝葉，尚言則詞有枝葉。訓誥典謨，聖人豈殫精極慮，作意而為之者哉？幾微內洞，文采外章，揚德考衷，啟發幽祕，不求文而自文耳。……根本固者，華實必茂；源流深者，光瀾必章。是以君子處其實不處其華，治其內不治其外。夫恢皇王之緒，明道德之歸，研性命之奧，窮經緯之蘊，實所望於爾諸君也。

此雖托諸師說，而江陵抱負之非凡，見解之超卓，於此已可窺見一斑矣。

然而江陵此時之成就，猶未止於此也。翰林院既系承應天子顧問之所，自為一時人文薈萃之區。加以明制自樞府宰執之臣，至六部卿貳之官，莫不兼領翰林原職，人物之盛，概可想見。江陵置身其間，所與往還者，既系一時俊彥之選，自多良師益友之資。如況以其對於政情世務關心素切，則於師友晤談之頃，當必以其平時所研習者而討論。如此則其平時所研習之學理，更可因之而與實際情形相印證。此其有裨於他日柄政之經驗，誠非淺鮮也。

江陵此時期之良師益友，固自不乏其人，而就中以徐文貞與之關係為最深，期許為尤切。當江陵為庶常時，文貞適為翰林院學士，教習庶吉士，江陵乃獲受業於其門。《行實》述文貞對於江陵之觀感云：

時少師華亭徐公在政府，見太師沉毅淵重，所為文雖旁列子史百家者言，而其學一本之躬行，根極理道，以此獨深相其許，曰：「張君他日即盡臣重國矣」。

觀此可知文貞對江陵期許之殷。而文貞既與江陵誼屬師生，情深知己，且於調掌禮部，參與中樞以後，亦正需英才如江陵者以資臂助，依理言之，似應於此時即加援引。無如此時正值嚴嵩當國之際，文貞雖與同在內閣，顧屢為嵩所扼，其本身之職位尚且岌岌難保。自更無力以引致江陵。因之江陵遂以磊落之才，而久居閒散，中懷鬱悒，不問可知。故其《致耿楚侗書》有云：

長安棋局屢變，江南羽檄旁午，京師十里之外，大盜十百為群，貪風不止，民怨日深，倘有奸人乘一旦之釁，則不可勝諱矣。非得磊落奇偉之士，大破常格，掃除廓清，不足以弭天下之患，顧世雖有此，人未必知，即知之未必用，此可為慨嘆者也。中懷鬱鬱，無所發舒，聊為知己一吐，不足為外人道也。

以國勢如此其杌隉不安，而君庸臣奸之積勢既成，自不容磊落奇偉之士如江陵者，一展其掃除廓清之抱負。其《論時政疏》之不見用，更足以沮其憂君愛國之忱，使之慨然有國事不可為之念。「莫問國事，且食蛤蜊」，於是江陵乃引疾歸田矣。顧其一腔忠義，於國事自猶未肯漠然置之，因於臨行上書於其師徐階，以治國之道為勖。此書於為政之方闡發至當，既足覘江陵此時之抱負，又可預窺其日後之樹立。爰節引如左：

相公雅量古心，自在詞林，即負重望三十餘年，及登揆席，益允物情。內無瑣瑣姻婭之私，門無交關請謁之釁，此天下士傾心而延佇也。然自爰立以來，今且二稔，中間淵謀默運，固非譾識可窺，然綱紀風俗，宏模巨典，猶未見使天下改觀而易聽者，相公豈欲委順以俟時乎？語曰：「日中必彗，操刀必割。」竊見向者張文隱公（張治）剛直之氣，毅然以天下為己任，然不踰年遽以病歿；近歐陽公人倫冠冕，向用方殷，亦奄然長逝。二公者，皆自以神智妙用，和光遵養，然二三年間相繼凋謝。何則？方圓之施異用，愠結之懷難堪也。相公於兩賢，意氣久投，何圖一旦奄喪，誰當與相公共功者？況今榮進之路，險於榛棘，惡直醜正，實繁有徒。相公內抱不群，外欲渾跡，將以俟時，不亦難乎！盍若披腹心，見情素，伸獨斷之明計，捐流俗之顧慮，慨然一決其平生。設天啟其衷，忠能悟主，即竹帛之名可期也。吾道竟阻，休泰無期，即抗浮雲之志，遺世獨往，亦一快也。孰與鬱鬱頗頷而竊嘆也？夫宰相者天子所重也，身不重則言不行。近年以來，主臣之情日隔，朝廷大政，有古匹夫可高論於天子之前者，而今之宰相不敢出一言。何則？顧忌之情勝也。然其失在豢縻人主之爵祿，不能以道自重，而求言之動人主，必不可幾矣。願相公高視玄覽，抗塵埃之外，其於爵祿也，量而後受，寵至不驚。皎然不利之心，上信乎主，下孚於眾，則身眾於泰山，言信於著龜，進則為龍為光，退則為鴻為冥，豈不綽有餘裕哉！公孫弘有言：「人主病不廣大，人臣病不節儉」。身為漢相，脫粟布被，良史稱之。夫京師，四方之極；大臣，庶民之表也。自頃內外用竭，習尚侈靡。病者短褐不完，而在位者或婢妾衣紈綺；百姓藜藿不飽，而在位者或廝養厭粱肉；此損下益上之尤者也。誠宜倡之以儉，視之以禮，弘晏子狐裘之節，覽詩人羔羊之詠，庶儀刑百辟，易侈移俗也。

夫天子有諍臣，士有諍友，故能動不失則。藥石猶生我，美疢滋毒也。端人直士，藥石也；令色孔壬，美疢也。然端直勁而難親，僉壬柔而易狎。巧佞之人，未語而唯唯，未言而諾諾，較德則擬於皋、伊，論功則卑乎管、晏，足使人志滿情逸，受則面謾。此高允所以深疾閔湛，謂其所營尺寸之間，而貽崔浩無窮之害者也。顧相公擇士之端諒者，使在左右，資其匡輔，聞其说言，亦鴻業之一助也。夫士習者人才之關也。自頃士氣頹靡，廉恥道喪，苞苴顯於贄雉，幸孔多於亡羊，乞𥁞逐臭，相煽成風。豈可令明主在上，相公在位，而習弊至此？夫爵祿賞鑒，所以磨世也；廉恥節義，所以建標也。爵祿賞鑒，不足以激上才，止可勸中人耳。然上才百一，中才者多。令爵祿賞鑒常歸之廉恥節義，則中才者望標而趨矣。迨夫清議已行，士氣已振，然後相公振之以無名之僕，醞之以醇和之氣，即大化薰蒸，風俗長厚矣。此相公今日所得為者。若夫格天之業，致王之功，固非末士所與，且愚蒙未諳，故不敢言也。

此書所論宰輔之道，可謂要言不煩，獨見其大。試就所舉各點而論，如「以道自重」，「上信乎主，下孚於眾」者，立威望之謂也；「倡之以儉，視之以禮」者，移風俗之謂也；「澤士之端者，使在左右，資其匡輔，聞其说言」者，進賢才之謂也；「令爵祿賞鑒，常歸之廉恥節義」者，明賞罰之謂也。凡此諸端，世之位宰輔而執鈞衡，立大功而成偉業者，有能不以之為治國之要者乎？亦有能不此是務而其功業克底於成者乎？吾敢信其必不能也。然則此數端者，固江陵今日之以勖其師，亦即其他時之以樹其業者也，詎可等閒視之哉？再就其詞旨而言，則此書立意既甚周至，措詞尤為懇切，既合風人之旨，復得諍勸之宜；從可見江陵之於文貞，固不徒盡師生之私情，而實有合於君子愛人以德之大道。就中尤以所雲「委順俟時」，「內抱不群，外欲渾跡」，「顧忌之情勝也」數語，更有以中文貞難言之隱，而生其發奮之思。蓋以賊嵩當國，文貞屈身其下，徒滋吾道不行之嘆，未成匡時弼政之功。此在承平之世，尚難免伴食之譏；況其時外患交迫，內政不修，而文貞以亞相之尊，負一時之望，徒以見扼於權奸，未遑一施其抱負，苟以清議繩之，豈能免於尸位素餐之誚乎？江陵以及門之誼，盡忠告之誠，固自有其難已於言之苦衷，亦即所以報文貞之知遇者也。至所謂「抗浮雲之志，遺世獨往」者，則又江陵此時所已實行；而所謂「伸獨斷之明計，捐流俗之顧慮，慨然一決其平生」者，亦即其他日所將樹立。江陵一生之出處，固能以此為依歸，而一一見諸躬行實踐，宜其侃侃而談，悉舉以勖其素所敬愛之師也。

第六章 執政前之江陵（三）——歸田時代

第六章　執政前之江陵（三）—— 歸田時代

江陵之告歸也，以三十而立之年，正英俊有為之際，而乃悄然生不如歸去之思，浩然有頤養林泉之志。觀其一則曰：

> 豈是東方隱，沉冥金馬門？方同長卿倦，臥病思梁園。蹇予秉微尚，適俗多憂煩。側身謬通籍，撫心愁觸藩。臃腫非世器，緬懷南山原。幽澗有遺藻，白雲漏芳蓀。山中人不歸，眾卉森以繁。永願謝塵累，閒居養營魂。百年貴有適，貴賤足論？（《述懷》）

再則曰：

> 有欲苦不足，無慾亦無憂。羲和振六轡，駒隙無停留。我志在虛寂，苟得非所求。雖居一世間，脫若雲煙浮。芙蕖濯清水，滄江飄白鷗。魯連志存齊，綺皓亦安劉。偉哉古人達，千載想徽猷。（《適志吟》）

此兩詩，一作於將歸之前，一作於既歸以後，而其字裡行間，均富有佛老虛無之想。世之論者，因遂謂其歸田之動機，當系由於不為世用，而遂趨於消極出世之觀念。然江陵果竟因一時不為世用，而遽萌消極出世之感乎？則請一觀其平日之人生觀，及其歸田後生活之動態，藉以證明所論之不確。

江陵平日之人生觀果何如？《明史》述其為人曰：

居正為人，勇敢任事，豪傑自許（見本傳）。夫既曰「豪傑自許」，則其態度之積極可知；既曰「勇敢任事」，則其必不因挫折而灰心又可知。此試就其所自述者以觀之，尤足以資佐證。公《答吳堯山言宏願濟世書》云：

> 二十年前曾有一宏願，願以其身為蓐薦，使人寢處其上，溲溺之，吾無間焉。有欲割取吾耳鼻，我亦歡喜施與，況詆毀而已乎？

《答湖廣巡撫朱謹吾辭建亭書》又云：

> 吾平生學在師心，不蘄人知，不但一時之毀譽，不關於慮，即萬世之是非，亦所弗計也。

嗚呼！溲溺在所不避，毀譽在所不慮，是非在所不計，此其態度之積極為何如乎？以如此之人，而謂其偶因挫折而灰心，一時不為世用而遽趨於消極出世之觀念，其孰能信其然乎？間嘗論之，以為江陵者，具有積極之用世的人生觀者也。試就其生平行事而言，其所以能以一身繫天下之安危者，以其具有超人之抱負，獨到之主張，而又行之以恆心，持之以毅力也。而所謂「恆心」，所謂「毅力」者，則又賴有積極之用世的人生觀，以支配而撐拄之者也。譬猶行舟：其抱負，其主張，舟之本身也；其恆心，其毅力，舟之槳舵也；而其用世之人生觀者，則划槳操舵之人也。使無划槳操舵之人，則雖有槳舵，舟亦莫由前進；然則苟無用世之人生觀，則雖有恆心毅力，又安能使其抱負及主張終見諸實施哉？觀其於未入仕以前，既潛心於舉業，以求進身之道，復馳鶩乎古典，以奠樹立之基；及其既入仕以後，更從事於當代文物典章之探討，與夫政情世務之研求；其汲汲焉皇皇焉唯學問修養之是務者，何莫非其用世之人生觀有以支配而撐拄之乎？再觀其柄政以還，不恤受攬權之惡謗，被負友之重嫌，冒震主之不韙，干奪情之非議，兢兢焉第求政策之推行，凜凜然唯謀時勢之轉變者，又何莫非其用世之人生觀有以支配而撐拄之乎？夫今日之江陵，猶是昔日之江陵也，他日之江陵，亦即今日之江陵也。昔日之江陵，固已具有此用世的人生觀，他日之江陵，亦復具有此用世的人生觀；而謂今日之江陵，乃突以一時不為世用而遽萌消極出世之觀念，與其平日之人生觀而棄如敝屣。嗚呼，為此論者，抑何淺視江陵之甚也！

此第就其平日之人生觀以推論之也。試更進而觀其歸田後生活之動態復奚若。《行實》有如左之記述：

太師體故孱弱，又倦遊，三十三年甲寅，遂上疏請告。既得請，歸則卜築小湖山中，課家僮鍤土編茅，築一室僅四五椽，種竹半畝，養一癯鶴，終日閉關不啟，人無所得望見。唯令童子數人事灑掃，煮茶洗藥；有時讀書；或棲神胎息，內視返觀。久之，既神氣日益壯，遂下帷益博極載籍，貫穿百氏，究心當世之務。蓋徒以為儒者當如是，其心固謂與泉石益宜，翛然無當世意矣。

此處所謂「棲神胎息，內視返觀」及「其心固謂與泉石益宜，翛然無當世意」數語，適與上述江陵兩詩相關照，殆即一般推測其消極出世者之所本。但江陵此時果竟自謂與泉石為宜，翛然無當世意乎？顧其同時固自「博極載籍，貫穿百氏，究心當世之務」矣，則又何耶？世人安有既萌出世之想，復求用世之需者乎？此說之不可通者也。然則此其所論，未能道看江陵此時之心事，固甚明矣。無已，姑再就江陵所自述者，以一窮其究竟。公有《學農園記》一文，其中有云：

余少苦篤貧，家靡擔石，弱冠登仕，裁有田數十畝。嘉靖甲寅，以病謝，自念身被沉痾，不能簪筆執簡，奉承明之闕。若復馳逐城府，與賓客過從，是重增其戾。乃一切謝屏親故，即田中闢地數畝，植竹種樹，誅茆結廬，以偃息其中。時復周行阡陌間，與田父傭叟測土壤燥濕，較穜稑先後，占雲望祲，以知歲時之豐凶。每觀其被風露，炙熇日，終歲僕僕，僅免於饑；歲小不登，即婦子不相眄，而官吏催科，急於救燎，寡嫠夜泣，逋寇宵行，未嘗不惻然以悲，惕然以恐也，或幸年谷順成，黃雲被壟，歲時伏臘，野老歡呼，相與為一日之澤，則又欣然以喜，囂然以娛。雖無冀缺躬榼之勤，沮溺耦耕之苦，而詠歌欣戚，罔不在是。既復自唯用拙才劣，乏弘濟之量，唯力田疾耕，時得甘臛，以養父母，庶獲無咎。且斯事雖賤，非學亦無由知也。因榜其園曰「學農」，以申止足之義焉。或曰：「農，生民之本也，周家用稼穡興王業，即治天下國家，固亦由力本節用，抑浮重谷，而後化可興也。吾子意其斯乎」？夫君子志其遠者大者，小人志其淺者近者。吾儕小人，饔飧之不給是虞，而又敢有他志？且為菟裘以娛吾生而已。《詩》曰：「優哉游哉，聊以卒歲！」

此其初歸時之作也。以江陵之英俊有為，徒以身居閒散，竟致莫補時艱，稱疾引退，則其滿腹牢騷，自不能不有所發洩。觀其所謂「用拙才劣，乏弘濟之量」；「吾儕小人，饔飧之不給是虞，而又敢有他志」；其一腔孤憤，固已情見乎辭。顧仍斤斤致意於力本節用，抑浮重谷，是其雖置身田野，而其心固猶未嘗忘情於治國之方。此記及上述兩詩之所雲雲，特其一時激憤之詞，當非放棄其平日用世的人生觀，而遽萌消極出世之觀念。而其所以「惻然以悲」，「惕然以恐」，又或「欣然以喜」，「囂然以娛」者，固自與禹稷饑溺之懷相出入，倘以與靖節先生東皋舒嘯之心情相校，則又迥然異其趨矣。

雖然，其所自述之足證吾言者，猶別有在，姑再錄一二以申吾意焉：

張子既登衡岳數日，神悄悄焉，意惘惘焉，類有擊於中者，蓋其悟也。曰：嗟乎！夫人之心何其易變而屢遷耶？余前來道大江，溯漢口而西，登赤壁磯，觀孫曹戰處，慷慨悲歌，俯仰今古，北眺烏林，傷雄心之乍衄；東望夏口，羡瑜亮之逢時。遐思徘徊，不知逸氣之橫發也。繼過岳陽，觀洞庭長濤巨浸，驚魂耀魄，諸方滓溟，一瞬皆空，則有網宇宙，齊物我，吞吐萬象，並羅八極之心。及登衡岳，覽洞壑之幽邃，與林泉之隈隩，慮淡物輕，心怡神曠，又若棲真委蛇，歷遐蹈景之事，不難為也。……今吾所歷諸境，不移於舊，而吾之感且愕且愛且取者，顧何足控搏？乃知向所雲者，盡屬幻妄，是心不能化萬境，萬境反化心也。夫過而留之，與逐而移焉，共謬等耳。殆必有不隨物為欣戚，混溟感以融觀者，而吾何足以知之！（《遊衡岳後記》）

此文當系於告歸後病癒出遊時之所作。蓋此外尚有《遊衡岳記》一篇，述其出遊之動機，謂：「要欲及今齒壯力健，即不與汗漫期於九垓，亦當遍游寰中諸名勝，遊目騁懷，以極平生之願。」江陵歸當三十之年，正齒壯力健之候，且除此時外，更無暇以作汗漫之遊，則斯文之作，當在此時。觀其歷游赤壁、洞庭、衡岳諸名勝，而生種種不同之感觸，此種種不同之感觸，爭相交織於其心，最後乃頓生「不隨物為欣戚，混溟感以融觀」之悟境。竊以此正江陵對於人生獲得更深一層之認識，而其平日之用世的人生觀，乃更因此而取得更進一步之發展焉。何以言之？請畢吾說。夫江陵以英俊有為之才，未獲一展抱負，俾償其兼善天下之宿願，顧乃暫時歸隱，以求獨善其身，此自其積極用世之觀點言之，自不得不認為一嚴重之打擊，其滿腹牢騷，一腔孤憤，當系其心理上應有之反感；況此時其精神修養猶未克臻於「心化萬境」之域，固無怪其胸中塊壘，鬱積難平矣。使非經此一度之出遊，以開拓其悟境，擴展其胸襟，則其於精神懊喪之頃，縱未必終自沉淪於「棲神胎息，內視返觀」之消極的生活，以自放於無為放達之一途，但其一時孤憤，固已深足影響於其平日用世的人生觀，而減退其積極有為之興致，於此而欲其仍保持饑溺之懷，究心當世之務，殆亦必不可能之事。乃其於遊覽名山大川以後，心靈竟為之一開，而頓生「不隨物為欣戚，混溟感以融觀」之悟境，於是其向之不免於「萬境化心」者，今乃一進而為「心化萬境」。觀其於《七賢詠》序中所雲，即可知其自經此悟境後，其心已不復為形役，而能作超然物外之觀矣。其言曰：

> 常嘆以為微妙之士，貴乎自我，屨素之道，無取同塗；故有謗讟盈於一世，而獨行者不以為悔，沉機晦於千載，而孤尚者不以為悶；斯皆心有所愜，而游外之方者也。

此自其心理變化方而觀之，固非消極出世之感想，而實超然物外之胸襟。必具有如此之胸襟，然後爵祿加之而不喜，斧鉞臨之而不懼，打破得失毀譽之關頭，養成卓立不磨之人格，如武侯所謂「淡泊以明志，寧靜以致遠」，孟子所謂「富貴不能淫，貧賤不能移，威武不能屈」者，其乃庶幾乎近之。蓋至是而其精神之修養，始克躋於登峰造極之地步，而其平日用世的人生觀，既經受此精神修養之洗禮，亦遂因之而更趨於積極。是以一經其父之激動，終遂幡然再作出山之計，重發仕進之途。乃其後復膺穆宗之知遇，沐臺鼎之殊榮，自更公爾忘私，國爾忘家，本其超然物外之胸襟，造就匡時弼君之事業矣。

江陵歸田後以至於復出，其人生觀之不為環境所轉移者蓋如此。以視世之浮薄少年，稍經挫折而即灰心喪志，徒以消極出世思想坐廢其身者，又豈可同日而語哉？彼其日後終能卓然樹立，以躋於大政治家之列者，有以夫，有以夫！

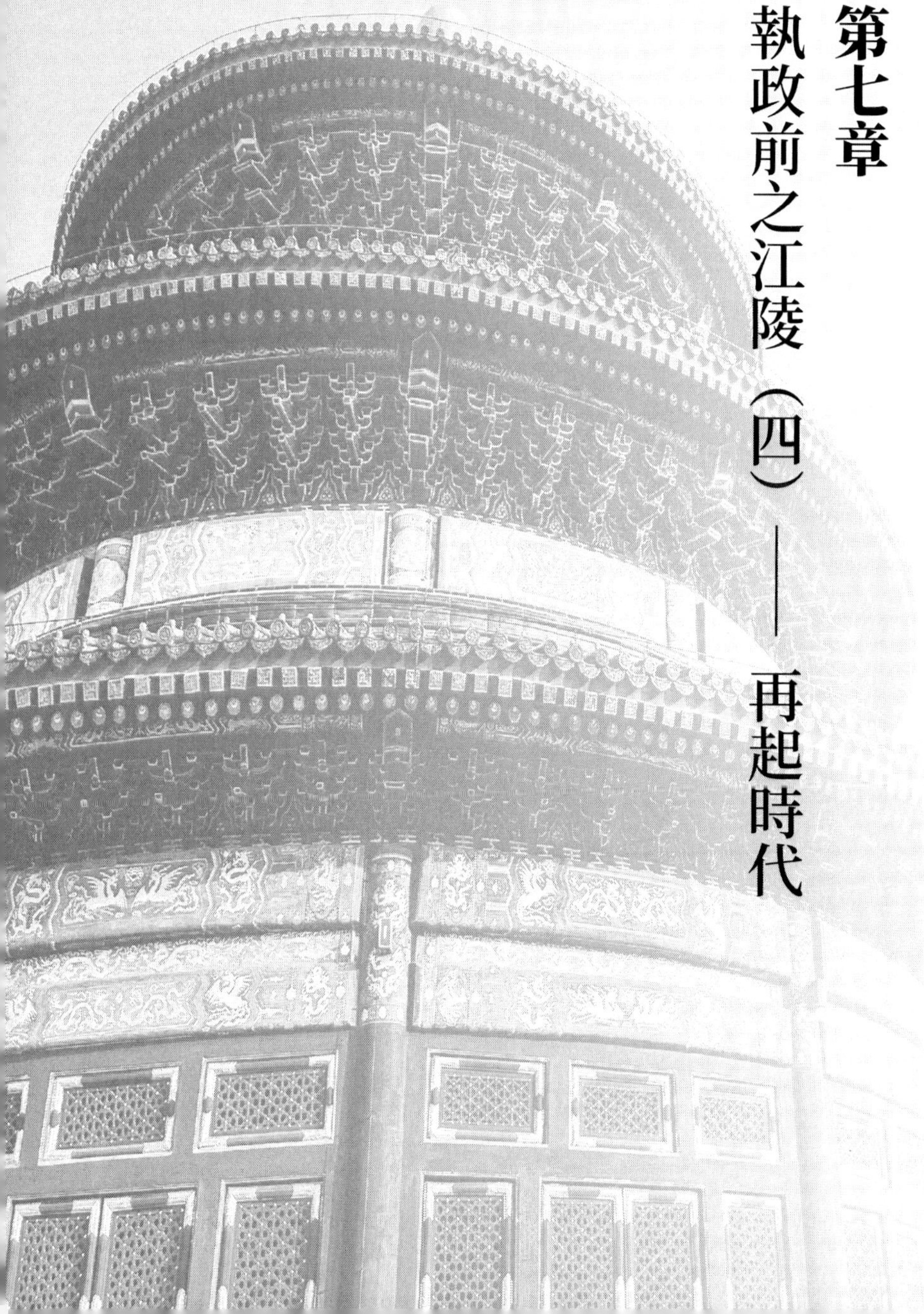

第七章 執政前之江陵（四）——再起時代

江陵之復出也，以嘉靖三十九年。入覲後，即以右春坊右中允兼國子監司業。時高拱適為司成，與江陵共就教導諸生之餘暇，從事於政理之研究，因之相交甚歡，以相業相期許。越兩載，嚴嵩去相位，江陵始因徐階薦，充《承天大志》副總裁，八閱月而志成，紀贊皆出江陵之手筆，以是受世宗知，尋遷右春坊右諭德，兼裕王講官。裕王者，穆宗未嗣位前之封號也。江陵既為穆宗師，穆宗且深知其賢，其他日不次擢用之機固已見於此。時高拱亦同侍裕邸講，二人之交遂益深。嘉靖四十五年，拱亦因徐階之薦，以禮部尚書入閣預機務。二人者，於江陵均素所期許，至是既均在樞府，識者咸知江陵旦暮必見重用矣。是年冬，世宗崩，穆宗踐阼。江陵以藩邸舊臣，倍蒙禮敬，期年之間，竟一躍而為禮部尚書兼武英殿大學士。自是與階、拱同參密切，儼然成為政治舞台之中心人物。乃未幾而階、拱竟以交惡聞。先是世宗常居西苑，閣臣直廬在苑中，拱亦移家近直廬居焉。一日，帝不豫，誤傳已晏駕，拱遽移器用於外。始階甚親拱，引入直，而拱以驟貴，負氣，頗忤階。給事中胡應嘉者，階鄉人也，嘗劾拱，拱疑應嘉受階指，大憾之。世宗之崩也，階草遺詔，凡齋醮、土木、珠寶、織作悉罷，大禮大獄言事得罪諸臣悉牽復之。詔下，朝野咸感激至於淚下，獨拱及郭樸以階不與共謀，心滋不樂。

而階草遺詔，獨與江陵計，拱心尤不平。及穆宗即位，拱自以藩邸舊臣，更數與階抗。隆慶元年，胡應嘉因事削籍去，言官謂拱以私怨逐應嘉，交章劾之。階於拱上疏自辯時，雖擬旨慰留，但於言者則不加究責。拱益怒，相與念詆於閣中。拱復令御史齊康劾階，指摘其二子多干請，及家人橫行鄉里狀。階上疏自辯，力求休致。於是言官復交章劾拱，拱不得已，引疾歸。方階、拱之交惡也，江陵固無與於其間，顧以與二人交誼皆甚厚，自難以超然於事外，及拱去，又莫之能救，其精神上之痛苦，可以想見矣。拱既罷，階旋亦以張齊劾，乞休去。李春芳代為首輔，而江陵與陳以勤同居於次位。江陵之秩雖以進，顧其最稱知己之師友，竟以不相能而先後去於朝，江陵自不免有孤立之感矣。

江陵之以侍從舊臣入直也，感穆宗知遇，知無不盡言，乃於隆慶二年八月上《陳六事疏》。此為江陵發揮政見之第一聲，其當時之抱負及其日後之建樹，胥可於此窺其凡，足與荊公《上仁宗書》後先相輝映。今全錄之，並略加疏解，以供世之習政治者省覽焉。

臣聞帝王之治天下，有大本，有急務。正心修身，建極以為臣民之表率者，圖治之大本也；審機度勢，更化宜民者，救時之急務也。大本雖立，而不能更化以善治，譬之琴瑟不調，不解而更張之，不可鼓也。恭維我皇上踐阼以來，正身修德，講學勤政，惓惓以敬天法祖為心，以節用愛民為務，圖治之大本既以立矣。但近來風俗人情，積習生弊，有頹靡不振之漸，有積重難反之幾，若不稍加改易，恐無以新天下之耳目，一天下之心志。臣不揣愚陋，日夜思維，謹就今時之所宜者，條為六事，開款上陳，用備聖明採擇。臣又自唯幸得以經術遭逢聖主，備位輔弼，朝夕與同事諸臣寅恭諧協，凡有所見，自可隨事納忠，似不必更有建白。但臣之愚昧，竊見皇上又必為之志，而淵衷靜默，臣下莫能仰窺，天下有願治之心，而舊習因仍，趨向未知所適；故敢不避形跡，披瀝上陳，期於宣昭王德而齊一眾志，非有他也。伏乞聖慈垂鑒，俯賜施行，天下幸甚，臣愚幸甚！

（按）「世異則事異，事異則備變」，「是以聖人不期修古，不法常可，論世之事，因為之備」（《韓非子．五蠹》），此法家之基本觀念，亦即今世西哲所謂適應環境革舊維新之說也。時至今日，此說固已家誦戶曉，婦人孺子類能道之矣。顧在往昔，儒者惑於尊古之成見，常人狃於因循之積習，遂致以保守為美談，斥改革為邪說。縱覽史籍，舍法家諸子而外，其能以儒者之立場，采法家之精粹，毅然以革舊維新為職志，終身行之而弗懈，生死以之而不渝者，於宋得一王荊公，於明得一張江陵，上下四千年，亦唯此二人而已矣！荊公之說宋仁宗也，其言曰：「夫以今之世去先王之世遠，所遭之變，所遇之勢不一，而欲一一行先王之政，雖甚愚者猶知其難也。」（《臨川集．上仁宗皇帝言事書》）。江陵之說明穆宗也，則曰：「審機度勢，更化宜民者，救時之急務也。大本雖立，而不能更化以善治，譬之琴瑟不調，不解而更張之，不可鼓也。」嗚呼！之二人者，其所處之時代不同，其所持之政見不同，顧其不甘守舊，力主維新，慨然以天下為己任，毅然唯改革之是求，其奮鬥進取堅忍不拔之精神，則先後一揆，若合符節，誠有令人不勝景仰讚歎者矣！但以當時一般社會之因循怠玩，苟且偷安，積習相沿，由來已久；一旦勸以振作，曉以更張，其不蹙額卻走，甚或群起而攻者幾希。此所以荊公終不免獲咎於當世之君子，江陵尤因而見扼於同列之小人也。雖然二人者，固未嘗不知其改革之說，足以引起反感而橫遭阻尼也；是以雖揭其革舊維新之旨，猶參以敬天法祖之言。蓋欲托法祖之虛名，行維新之實際，藉以緩和反感，滅除阻尼；其詞愈婉，其心則良苦矣。顧雖如此，猶不足以間執反動派之口，而避免其攻擊，馴致荊公終以被放於生前，江陵更復獲譴於歿後。而世人不察，猶且執其一二微疵，斤斤計較其短長，坐令二人忠君愛國之熱忱，無以大白於天下，幾致沉埋於終古。幾何而不令志士為之寒心，英雄為之短氣哉！噫，悲夫！

計開：

一省議論 臣聞天下之事，慮之貴詳，行之貴力，謀在於眾，斷在於獨。漢臣申公云：「為治不在多言，顧力行何如耳。」臣竊見頃年以來，朝廷之間，議論太多，或一事而甲可乙否，或一人而朝由暮跖，或前後不覺背馳，或毀譽自為矛盾，是非淆於唇吻，用舍決於愛憎，政多紛更，事無統紀。又每見督撫等官，初到地方，即例有條陳一疏，或漫言數事，或更置數官，文藻競工，覽者每為所眩，不曰此人有才，即曰此人任事。其實蒞任之始，地方利病豈盡周知？屬官賢否豈能洞察？不過采聽於眾口耳。讀其詞藻，雖若爛然，究其指歸，茫未有效。比其久也，或並其自言者而忘之矣。即如昨年皇上以虜賊內犯，特敕廷臣集議防虜之策，當其時，眾言盈廷，群策畢舉；今又將一年矣，其所言者果盡舉行否乎？其所行者果有實效否乎？又如薊鎮之事，初建議者曰：吾欲雲雲。當事者亦曰：吾欲雲雲。曾無幾何，而將不相能，士嘩於伍，異論繁興，訛言踵至，於是議罷練兵者又紛紛矣。臣竊以為事無全利，亦無全害，人有所長，亦有所短；要在權利害之多寡，酌長短之所宜，委任責成，庶克有濟。今始則計慮未詳，既以人言而遽行；終則執守靡定，又以人言而遽止。加以愛惡交攻，意見橫出，讒言微中，飛語流傳，尋之莫究其端，聽者不勝其眩。是以人懷疑貳，動見譸張，虛曠歲時，成功難睹。語曰：「多指亂視，多言亂聽。」此最當今大患也。伏望皇上自今以後，勵精治理，主宰化機，掃無用之虛詞，求躬行之實效。欲為一事，須審之於初，務求停當，及計慮已審，即斷而行之，如唐憲宗之討淮、蔡，雖百方阻之，而終不為之搖；欲用一人，須慎之於始，務求相應，既得其人，則信而任之，如魏文侯之用樂羊，雖謗書盈篋，而終不為之動。再乞天語叮嚀部院等衙門，今後各宜仰體朝廷省事尚實之意，一切章奏務從簡切，是非可否明白直陳，毋得彼此推諉，徒託空言；其大小臣工，亦各宜秉公持正，以誠心直道相興，以勉修職業為務，反薄歸厚，尚質省文，庶治理可興，而風俗可變也。伏乞聖裁！

（按）江陵者，以儒者而主法家之說，且戮力以行之者也。法家首重功利主義，故不尚空言而唯圖實效，如韓非子所謂「為人臣者陳其言，君以其言授之事，專以其事責其功」（《二柄篇》）者是也。明穆宗承世宗之後，雖於即位之初，即已罷齋醮，屏方士，表面上有似一反世宗之所為，顧其時臣民之於道教，則已相習成風，積重難返。而道教之不重功利，又適與法家相背馳。以當時外患之深入，內政之廢弛，而士大夫顧唯徒託空言，無裨實際，其不蹈於宋人議論未定，而金兵已渡河之覆轍者幾希。江陵心所謂危，故首以掃虛詞求實效之說進，觀其所謂「欲為一事，須審之於初，務求停當，及計慮已審，即斷而行之，如唐憲宗之討淮蔡，雖百方阻之，而終不為之搖；欲用一人，須慎之於始，務求相應，既得其人，則信而任之，如魏文侯之用樂羊，雖謗書盈篋，而終不為之動」。則其於用人行政之道，誠可謂智珠在握者矣。使人主依而行之，又何慮人之不得其當，事之不盡其功者哉？雖然，吾不能不因之有所感焉。今之論民族性者，恆有言曰：「美利堅者，言而後行之民族也；英吉利者，行而後言之民族也；德意志者，行而不言之民族也；若吾中國者，則言而不行之民族也。」嗚呼！使此言而果確，則吾民族當此急功好利之時代，安所恃而與人爭一日之短長乎？此吾以為江陵之所雲雲，不唯明穆宗所應拳拳服膺，即凡今之有用人行政之權者，亦當奉為書紳之戒也。

一振紀綱　臣聞人主以一身而居乎兆民之上，臨制四海之廣，所以能使天下皆服其教令，齊整而不亂者，紀綱而已。綱如網之有繩，紀如絲之有總。《詩》曰：「勉勉我王，紀綱四方。」此人主太阿之柄，不可一日而倒持者也。臣竊見近年以來，紀綱不肅，法度不行，上下務為姑息，百事悉從委徇。以模棱兩可謂之調停，以委曲遷就謂之善處。法之所加唯在於微賤，而強梗者雖壞法干紀而莫之誰何；禮之所制反在於朝廷，而為下者或越理犯分而恬不知畏。陵替之風漸成，指臂之勢難使。賈誼所謂蹠盭者，深可慮也。然人情習玩已久，驟一振之，必將曰此拂人之情者也，又將曰此務為操切者也。臣請有以解之。夫徇情之與順情，名雖同而實則異；振作之與操切，事若近而用則殊。蓋順情者，因人情之所同欲者而施之，《大學》所謂「民之所好好之，民之所惡惡之」者也。若徇情則不顧理之是非，事之可否，而唯人情之是便而已。振作者，謂整齊嚴肅，懸法以示民，而使之不敢犯，孔子所謂「道之以德，齊之以禮」者也。若操切則為嚴刑峻法，虐使其民而已。故情可順而不可徇，法宜嚴而不宜猛。伏望皇上奮乾綱之斷，普離照之明，張法紀以肅群工，攬權綱而貞百度。刑賞予奪一歸之公道，而不必曲徇乎私情；政教號令必斷於宸衷，而毋致紛更於浮議。法所當加，雖貴近不宥；事有所枉，雖疏賤必申。仍乞敕下都察院查照嘉靖初年所定憲綱事理，再加申飭，秉持公論，振揚風紀，以佐皇上明作勵精之治；庶體統正，朝廷尊，而下法守矣。伏乞聖裁！

（按）紀綱也者，法治主義之核心也，豈唯法家重之而已也，即凡治政法之學者，固莫不奉為金科玉律也；抑豈唯專制國家重之而已也，即凡民主國體之國家，亦無不以之為治國要務也。法家之言曰：「法者，憲令著於官府，刑罰必於民心，賞存乎慎法，而罰加乎奸令者也。」（《韓非子．定法篇》）又曰：「言行而不軌於法必禁。」（同上《問難篇》）此綱紀之說，非此固不足以言治國也。江陵目擊當時法度之廢弛，故以振紀綱為請，而其要旨在於「情可順而不可徇，法宜嚴而不宜猛」；「法所當加，雖貴近不宥；事有所枉，雖疏賤必申」。簡言之，即謂法宜公平嚴峻而已矣。《韓非子》曰：「是故誠有功，則雖疏賤必賞；誠有過，則雖近愛必誅。」（《主道篇》）商鞅更從而申之曰：「所謂一刑者，刑無等級，自卿相將軍以至大夫庶人，有不從王令，犯國禁，亂上治者，罪死不赦。有功於前，有敗於後，不為損刑；有善於前，有過於後，不為虧法。忠臣孝子有過，必以其數斷。守法守職之吏，有不行王法者，罪死不赦。」（《商君書．賞刑篇》）此法貴公平之說也。《韓非子》又曰：「夫嚴刑者，民之所畏也；重罰者，民之所惡也。故聖人陳其所畏，以禁其邪；設其所惡，以防其奸，是以國安而暴亂不起。」（《奸劫弒臣篇》）又從而申之曰：「夫以重止者，未必以輕止也；以輕止者，必以重止矣。是以上設重刑者，而奸盡止；奸盡止，則此奚傷於民也？所謂重刑者，奸之所利者細，而上之所加焉者大也；民不以小利蒙大罪，故奸必止者也。」（《六反篇》）此法貴嚴峻之說也。此其所言，與江陵之說，正可互相發明，而為法治主義之極則，雖以今世西哲之言法者，又何以加焉？夫左氏有言：「國家之敗，由官邪也；官之失德，寵賂章也。」（桓二年《左氏傳》）綱紀不振，其流弊所及，勢不至亡國敗家不止！治國者又安可不加之意乎？

一重詔令 臣聞君者主令者也，臣者行君之令而致之民者也。君不主令，則無威；臣不行君之令而致之民，則無法，斯大亂之道也。臣看得舊規，凡各衙門章奏，奉旨有「某部看了來說」者，必是緊關事情，重大機務；有「某部知道」者，雖若稍緩，亦必合行事務，或關係各地方民情利病，該衙門自宜參酌緩急，次第題覆。至於發自聖衷特降敕諭者，又與泛常不同，尤宜上緊奉行，事乃無壅。蓋天子之號令，譬之風霆，若風不能動，而霆不能擊，則造化之機滯，而乾坤之用息矣。臣竊見近日以來，朝廷詔旨多廢格不行，抄到各部，概從停閣。或已題奉欽依，一切視為故紙，禁之不止，令之不從。至於應勘應報，奉旨行下者，各地方官尤屬遲慢，有查勘一事而數十年不完者。文卷委積，多致沉埋，干證之人，半在鬼錄。年月既遠，事多失真。遂使漏網終逃，國有未伸之法；覆盆自苦，人懷不白之冤。是非何由而明，賞罪何由而當？伏望敕下部院等衙門，凡大小事務，既奉明旨，須數日之內即行題覆。若事理瞭然，明白益見者，即宜據理剖斷，毋但諉之撫按議處，以致耽延。其有合行議勘問奏者，亦要酌量事情緩急，道理遠近，嚴立限期，責令上緊奏報，該部置立號簿，登記註銷。如有違限不行奏報者，從實查參，坐以違制之罪。吏部即以此考其勤惰，以為賢否。然後人思盡職，而事無壅滯也。伏乞聖裁！

（按）法家之功利主義，既不尚空言而唯重賞效，則於一切之證令，自必力求其加緊推行，以增進行政之效率。其言曰：「國之亂也，非其法亂也，非法無用也，國皆有法，而無使必行之法」（《商君書．畫策篇》）唯其然也。故「聖人知必然之理，必為之時勢，故為必治之政，戰必勇之民，行必聽之令」。（同上）其有玩視法令者，則死無赦。故「虧令者死，益令者死，不行令者死，留令者死，不從令者死」。（《管子．重令篇》）而其能行如此嚴峻之法者，則在於獨裁。故曰：「獨視者謂明，獨聽者謂聰，能獨斷者，故可以為天下主。」（申子語）此法家法治精神之所寄，非此固不足以言法治也。江陵心知其然也，故於當時玩忽功令之情形，攻擊不遺餘力，而糾之以「凡大小事務，既奉明旨，須數日之內即行題覆」，不得「委積」。夫政令委積者多，則百端廢弛，紀綱陵替，勢不至無威無法以至於大亂也不止，尚有何行政效率之足言乎？江陵深知亂源之所在，故本功利主義之立場，力以考核事功之說進，欲以撥亂而反之正，其苦心孤詣，誠有以大過人者。無如亂勢已成，積重難返，欲求「鋤強戮凶，剔厘革」，實有「不得已而用威」之必要，此江陵他日所以援法入儒，欲借急切用威以挽回疲玩怠情之頹勢，而終難免於「威柄之操幾於震主」之譏也。可慨也已！

一核名實 臣聞人主所以馭其臣者，賞罰用舍而已。欲用舍賞罰之當，在於綜覈名實而已。臣每見朝廷欲用一人，當事者輒有乏才之嘆。竊以為古今人才不甚相遠，人君操用舍予奪之權，以奔走天下之士，何求而不得？而曰世無才焉，臣不信也。唯名實之不核，揀擇之不精，所用非其所急，所取非其所求，則士之爵賞不重，而人懷徼幸之心，牛驥以並駕而俱疲，工拙以混吹而莫辨，才惡得而不乏，事惡得而有濟哉？臣請略言其概：夫器必試而後知其利鈍，馬必駕而後知其駑良。今用人則不然。稱人之才，不必試之以事；任之以事，更不必考其成；及至僨事之時，又未必明正其罪。椎魯少文者以無用見譏，而大言無當者以虛聲竊譽；倜儻伉直者以忤時難合，而脂韋逢迎者以巧宦易容。其才雖可用也，或以卑微而輕忽之；其才本無取也，或以名高而尊禮之。或因一事之善。而終身借之以為資；或以一動之差，而眾口譽之以為病。加以官不久任，事不責成，更調太繁，遷轉太驟，資格太拘，毀譽失實。且近來又有一種風尚：士大夫務為聲稱，舍其職業而出位是思，建白條陳，連篇累牘；至核其本等職業，反屬茫昧。主錢谷者不對出納之數，司刑名者未諳律例之文，官守既失，事何由舉？凡此皆所謂名與實爽者也。如此則真才實能之士，何由得進？而百官有司之職，何由得舉哉？故臣妄以為世不患無才，患無用之之道。如得其道，則舉天下之士，唯上之所欲為，無不應者。臣願皇上慎重名器，愛惜爵賞，用人必考其終，授任必求其當。有功於國家，即千金之賞，通侯之印，亦不宜吝；無功於國家，雖顰笑之微，敝袴之賤，亦勿輕予。仍乞敕下吏部嚴考課之法，審名實之歸。遵照祖宗舊制，凡京官及外官三六年考滿，毋得概引復職，濫給恩典，須明白開具「稱職」「平常」「不稱職」以為殿最。若其功過未大顯著，未可遽行黜陟者，乞將誥敕勛階等項酌量裁與，稍加差等，以示激勸。至於用舍進退，一以功實為準，毋徒眩於聲名，毋盡拘於資格，毋搖之以毀譽，毋雜之以愛憎，毋以一事概其平生，毋以一眚掩其大節。在京各衙門佐貳官，須量其才氣之所宜者授之，平居則使之講究職業，贊佐長官；如長官有缺，即以佐貳代之，不必另索。其屬官有諳練故事盡心官守者，九年任滿，亦照吏部升授京職，高者即轉本衙門堂上官。小九卿堂官品級相同者，不必更相調用。各處巡撫官果於地方相宜久者，或就彼加秩，不必又遷他省。布按二司官，如參議久者，即可升參政，僉事久者，即可升副使，不必互轉數易以滋勞擾。如此則人有專職，事可責成，而人才亦不患其缺乏矣。此外如臣言有未盡者，亦乞敕下該部悉心講求，條例具奏，伏乞聖裁！

（按）法家所恃以推進其政策者為法令，其所用以執行其法令者為官僚（即今所謂公務員），而其官僚政治之基礎，則又在於綜核名實，以為選賢任能賞功罰罪之準繩。故夫綜核名實者，法治主義最重要之基層工作也。法家之言曰：「朝有經臣，國有經俗，民有經產。何謂朝之經臣？察身能而受官，不浮於上，謹其能，不以毋實虛受者，朝之經臣也。」（《管子．重令篇》）此官僚政治之大體也。又曰：「舉而得其人，望而收其福，不可勝收也。官不勝任，奔走而奉其敝事，不可勝救也。而國未嘗乏勝任之士，上之明適不足以知之。是以明君審知勝任之臣者也。」（《管子．君臣篇》）此綜覈名實於未任用之之先也。又曰：「非信士不得立於朝，是故官虛而莫敢為之請。君舉事，臣不敢誣以其所不能。君知臣，臣亦知君之知己也；故臣莫敢不竭力，俱操其誠以來。」（《管子．乘馬篇》）此綜核名實於既任用之之後也。又曰：「賞不加於無功，罰不加於無罪。」（《韓非子．難一篇》）「主過予則臣偷幸，臣徒取則功不尊。無功者受賞，則財匱而民怨；財匱而民怨，則民不盡力矣。故賞過者失民，用刑過者民不畏。有善不足以勸，有刑不足以禁，則國雖大必危。」（《韓非子．飾邪篇》）「故有術之主，信賞以盡能，必罰已禁邪。」（《韓非子．外儲說篇》）此綜合核名實以求賞罰之當者也。夫君之於臣，甄選如此其慎也，考核如此其勤也，賞罰又如此其嚴且明也，則為臣者安有不稱其職者乎？行政效率安有不繼長增高乎？此所以江陵此時上疏不得不亟以綜核名實為言，而其他日柄政尤復亟以綜核名實為務也。雖然，綜核名實之說，自法家首創以還，歷代大政治家，若漢之諸葛武侯，若宋之王荊公，若明之張江陵，若近代之曾、左諸公，奕代接武力求實踐者，固已不乏其人；然而歷時二千有餘年，我國官僚政治終猶未入於正軌，迄今猶有待於繼續努力改進者，則又何也？曰：由於未能將綜核名實之政治思想，成為具體的制度化而已。夫制度者，思想之具體的結晶，而在政治上則為最有效最持久之工具也。徒有完善之政治思想，苟無完善之政治制度，以為其實施之工具，則其為效必限於一時，而不能昭垂於久遠。孟子所謂「徒善不足以為政」者，即此之謂也。我國傳統之政治思想，其能適需求而奏實效，亙百祀而莫或替者，無不有具體的制度以為之寄託也。即就今日之五權憲法而論，監察權與考試權之獨立，所以有異於泰西各國，而蔚為中國獨有之政治特點者，謂非歷代相沿之御史制度及科舉制度有以使之然乎？乃返觀官僚政治所恃為基礎之綜核名實的思想，雖其萌芽固在二千有餘年以前，發揚光大之者亦大有人在，顧以視泰西各國之制度美備，成效卓著者，終不免瞠乎其後，則亦未能確立完善的人事行政制度之過也。嗚呼！江陵所陳關於綜核名實之方法，意非不美且善也，言非不周且詳也，但終不免於「人存政舉，人亡政息」之結果者，徒以未能如斯達因、俾斯麥輩之確立人事行政制度，以昭垂久遠而已。然則今之言人事行政者，鑒於前人之失，其亦亟謀完善制度之確定，蓋以鞏固官僚政治之基礎也歟！

一固邦本　臣聞帝王之治，欲攘外者必先安內。書曰：「民為邦本，本固邦寧。」自古雖極治之時，不能無夷狄盜竊之患。唯百姓安樂，家給人足，則雖有外患，而邦本深固，自可無虞。唯是百姓愁苦思亂，民不聊生，然後夷狄盜賊乘之而起。蓋安民可與行義，而危民易與為非，其勢然也。恭維皇上嗣登大寶，首下蠲恤之詔，黎元忻忻，方切更生；獨昨歲以元年蠲賦一半，國用不足，又邊費重大，內帑空乏，不得已差四御史分道督賦，三都御史清理屯監，皆一時權宜，以佐國用之急，而人遂有苦其搜括者。臣近日訪之外論，皆稱不便。緣各御史差出，目睹百姓窮苦，亦無別法清查，止將官庫所儲，盡行催解。以致各省庫藏空虛，水旱災傷，視民之死而不能賑；兩廣用兵，供餉百出而不能支。是國用未充而元氣已耗矣。臣竊以為天之生財，在民在官，止有此數。譬之於人，稟賦強弱，自有定分；善養生者，唯撙節愛惜，不以嗜欲戕之，亦皆足以卻病而延壽。昔漢昭帝承武帝多事之後，海內虛耗，霍光佐之，節儉省用，與民休息。行之數年，百姓阜安，國用遂足。然則與其設法徵求，索之於有限之數以病民，孰若加意省儉，取之於自足之中以厚下乎？仰唯皇上即位以來，凡諸齋醮土木淫侈之費，悉行停革，雖大禹之克勤克儉，不是過矣。然臣竊以為矯枉必過其正，當民窮財盡之時，若不痛加省節，恐不能救也。伏望皇上軫念民窮，加惠邦本，於凡不急工程，無益征辦，一切停免，敦尚儉素，以為天下先。仍乞敕下吏部慎選良吏，牧養小民，其守令賢否殿最，唯以守己端潔，實心愛民，乃興上考稱職，不次擢用。若但善事上官，干理簿書，而無實政及於百姓者，雖有才能幹局，止與中考。其貪汙顯著者，嚴限追贓，押發各邊自行輸納，完日發遣發落，不但懲貪，亦可為實邊之一助。再乞敕下戶部悉心講求財用之所以日匱者，其弊何在？今欲措理，其道何由？今風俗侈靡，官民服舍，俱無限制。外之豪強兼併，賦役不均，花分詭寄，恃頑不納田糧，偏累小民。內之官府造作，侵欺冒破，奸徒罔利，有名無實。各衙門在官錢糧，漫無稽查，假公濟私，官吏滋弊。凡此皆耗財病民之大者。若求其害財者而去之，則亦何必索之於窮困之民，以自耗國家之元氣乎？前項催督御史事完之後，宜即令回京，此後不必再差，重為地方之病。其屯監各差都御史應否取回別用，但責成於該管撫按，使之悉心清理，亦乞敕下該部從長計議，具奏定奪。以後上下唯務清心省事，安靜不擾，庶民生可遂，而邦本獲寧也。伏乞聖裁！

（按）節用愛民之說，政治者類能道之，儒法諸家於此尤殷殷垂教，其義甚顯，無俟發明。江陵之時，適當世宗驕奢淫佚之餘，且承賊嵩聚斂掊克之後，民不堪命久矣，欲求矯積弊而固國本，自更不得不以節用愛民為先務；而其首以獎廉懲貪為言，則尤屬正本清源之道。治國者固不應徒以消極的自求節儉為己足，而必積極從事於廉潔風氣之提倡與培養。必也執法以繩，務使貪汙絕跡，則人民咸獲安居樂業，富強之基，胥系於此矣。

一飭武備臣唯當今之事，其可慮者莫重於邊防。廟堂之上，所當日夜圖畫者，亦莫急於邊防。邇年以來，虜患日深，邊事久廢。比者屢蒙聖諭嚴飭邊臣，人心思奮，一時督撫將領等官，頗稱得人。目前守禦似亦略備矣。然臣以為虜如禽獸然，不一創之，其患不止。但戰乃危事，未可易言，須從容審圖，以計勝之耳。今之上策，莫如自治，而其機要所在，唯在皇上赫然奮發，先定聖志；聖志定，而懷忠蘊謀之士，得效於前矣。今譚者皆曰：吾兵不多，食不足，將帥不得其人。臣以為此三者皆不足患也。夫兵不患少而患弱。今軍伍雖缺，而糧籍俱存，若能按籍徵求，清查影占，隨宜募捕，著實訓練，何患無兵？捐無用不急之費，並其財力以撫養戰鬥之士，何患無財？懸重賞以勸有功，寬文法以伸將權，則忠勇之夫，孰不思奮，又何患於無將？臣之所患，獨患中國無奮勵激發之志，因循怠玩，姑務偷安，則雖有兵食良將，亦恐不能有為耳。故臣願皇上急先自治之圖，堅定必為之志，屬任謀臣，修舉實政，不求近功，不忘有事，熟計而審行之，不出五年，虜可圖矣。至於目前自守之策，莫要於選擇邊吏，團練鄉兵，並守墩堡，令民收保，時簡精銳，出其空虛以制之；虜即入犯，亦可不至大失。此數者昨雖已經閣部議行，臣愚猶恐人心玩愒日久，尚以虛文塞責。伏乞敕下兵部申飭各邊督撫，務將邊事著實舉行，俟秋防畢日，嚴查有無實效，大行賞罰；庶沿邊諸郡在在有備，而虜不敢窺也。再照祖宗時京營之兵數十萬，今雖不足，尚可得八九萬人，若使訓練有方，亦豈盡皆無用？但士習驕惰，法令難行，雖春秋操練，徒具文耳。臣考之古禮，及我祖宗故事，俱有大閱之禮，以習武事而戒不虞。今京城內外，守備單弱，臣常以為憂。伏乞敕下戎政大臣申嚴軍政，設法訓練，每歲或間歲季冬農隙之時，恭請聖駕親臨校閱，一以試將官之能否，一以觀軍士之勇怯。有技藝精熟者分別賞賚，老弱不堪者即行汰易。如此不唯使輦轂之下常有數萬精兵，得居重馭輕之道；且此一舉動，傳之遠近，皆知皇上加意武備，整飭戎事，亦足以伐狂虜之謀，銷未萌之患，誠轉弱為強之一機也。伏乞聖裁！

（按）整軍經武，原系立國之常規；思患預防，尤為當時之急務。明自開國未久，北方即連遭邊禍，如成祖時既有馬哈木及阿魯臺之寇，英宗時則有也先「土木之變」，世宗時復有小王子及俺答之警；而東南沿海，倭寇尤復出沒無常，世為邊患。武備之弛，國勢之弱，為南宋以來所未有。疏中所謂「虜患日深，邊事久廢」者，固慨乎其言之，抑亦當時之實況也。江陵蒿目時艱，心長語重。謂無兵無食無將帥俱不足患，所患在人主因循偷安，而無奮勵激發之志，可謂慮之審而言之切矣！至所陳自守之策，謂「莫要於選擇邊吏，團練鄉兵，並守墩堡，令民收保，時簡精銳，出其空虛以制之」，則尤適合於古人「以靜待動以逸待勞」之旨，出入乎近代「避實就虛持久作戰」之術，清時之圍剿捻匪，固莫不恃此以克奏膚功者也。唯其力主舉行校閱，至謂其既可「試將官之能否」，「觀軍士之勇怯」，復能「伐狂虜之謀，銷未萌之患」，則揆諸事實，殊嫌其未能免於書生紙上談兵之積習，而於整軍經武之方，顯有所未盡也。夫君上親臨大閱，固足以振奮人心於一時，究未若將士訓練嚴明，始足以整肅戎行於平日。當時「士習驕惰，法令難行」，既有如疏中所指，夫豈一年一度照例奉行之大閱，所能救其積失，挽其頹勢？此當時整飭武備終必有賴於戚（繼光）、李（成梁）諸名將之訓練有方，而現代國民革命之初步成功，固系肇端於黃埔設校，抗戰建國之非常時期，尤須注意於集中訓練也。彼其僅以舉行校閱為請者，意或蓋以啟發穆宗振作有為之志，俾收上行下效之功也歟？不然，以江陵之深諳戎事，何至為此捨本逐末之謀也？

此疏侃侃而談，切中時弊，所陳各端，幾無一非救時良藥，而其根本主張，則在於援法入儒，厲行富國強兵而已。自荊公《上仁宗書》而後，無論就其本身價值言，或就其時代影響言，此文當推為名臣奏議之巨擘，政治言論之翹楚也。唯穆宗為人，《明史》謂其「寬恕有餘，而剛明不足」（見《本紀》），究其實亦第中庸之資已耳。方其繼位之始，賴有徐階以顧命老臣為之匡弼，始有停齋醮罷土木誅方士恤言臣諸善政。及徐階既去，雖以李春芳、陳以勤之貴近，猶未克多所輔導，以勤條上謹始十事，穆宗善之而未能用，旋又條上時務因循之弊，亦僅由都察院議行「治贓吏」一事而已（《明史》以勤本傳）。至科臣石星則因歷舉節飲、篤學、勤政、速斷、納諫、去讒六事盡諫，而竟致攖帝之怒，至以廷杖加之，並令削籍以去（見《明史．穆宗本紀》，並見《明鑒》）。觀此則穆宗之為君何如，已從可想見。顧其於江陵此疏，則獨予垂青，立加採納，許為「深切時務，著所司詳議以聞」（《明史紀事本末》卷六十一。並見《全集》）。於是都御史王庭等議覆振紀綱重詔令事宜，兵部議覆飭武備行大閱事宜，戶部議覆固邦本節財用事宜，穆宗均一一允行，且定於翌年九月舉行閱兵典禮。於以見穆宗信任江陵之深，江陵他日夾輔神宗，任勞任怨之死靡他者，蓋即所以報穆宗之知遇也。

江陵政治主張，固已悉被採納，顧以當時積習之深，一時自不易收改革之效。而首輔李春芳「務以安靜帝意」（《明史》春芳本傳），不肯稍事更張，恰與江陵力求振作之主張相枘鑿：同列陳以勤亦碌碌無所表現。江陵孤立無助，其主張自更難於貫徹矣。隆慶三年八月，趙貞吉以禮部尚書兼文淵閣大學士，入閣預機務。貞吉「學博才高，然好剛使氣，動與物迕；九列大臣，或名呼之」（《明史》貞吉本傳）。及入閣，自以名輩居先，易視江陵，呼為「張子」，語朝事，輒曰：「非少年所知。」（《明紀》卷三十七）江陵固亦以才氣自負，為所挫辱，意自難平，且主張因以見梗，更所難堪，乃於是年十二月奏準起用高拱以折之。拱素與江陵善，及再起，知出江陵薦，益善之。拱「性強直遂，頗快恩怨」（《明史》拱本傳），而貞吉亦以剛著稱，於是二人遇事輒相扼，江陵因得倚拱以制貞吉，蓋非此無以實行其政見，固與朋比為奸者大相逕庭也。隆慶四年七月，陳以勤引疾罷，蓋以勤與拱為舊僚，貞吉其鄉人，而江陵則所舉士，自度不能斡旋於其間，故堅決求去。同年十二月，貞吉因考察科道事，與拱益相水火，爭為疏辨，又不勝，亦去位。翌年五月，李春芳以拱修徐階故怨，嘗從容為階解，拱不悅；春芳意不自安，亦予告歸。於是拱遂為首輔，而江陵亞焉。「拱之再出，專與階修卻，所論皆欲以中階，重其罪，賴帝仁柔，弗之竟也。階子弟頗橫鄉里，拱以前知府蔡國熙為監司，簿錄其諸子，皆編戍，所以扼階無不至。」（《明史》拱本傳）初，階既去，令三子事江陵謹。江陵與階有師生誼，且入直亦階所援引，於階子自不得不盡監護責。及拱坐階子罪，江陵「從容為拱言，拱心稍動，而拱客構江陵納階子三萬金，拱以誚江陵，江陵色變，指天誓，辭甚苦，拱謝不審。二人交遂離」（《明史》江陵本傳）。及神宗即位，馮保之事起，而二人遂出於決裂之一途矣。

江陵自三十六歲（嘉靖三十九年）復出，至四十八歲（隆慶六年）晉位首輔，前後凡十二年，計其居翰苑及直內閣者各占其半。直閣之六年中，要以封貢俺答、主持辛未會試及在吏部慎選人才三端，為其政績之犖犖大者，當以下各章詳述之。集中有《答上相師徐存齋（階字）書》，係隆慶五年所作，最能顯示江陵此時之心事，及其對於未來之希望，特錄之以結本章。其書如次：

犬馬齒今年四十有七矣。苟生竊祿，無所建明，觸事感時，怳然自失。……唯當以向後餘生，矢竭丹誠，求無負於老師家國之托云爾。……

第八章

江陵之柄政（上）

第八章　江陵之柄政（上）

隆慶六年五月，穆宗不豫，召江陵與高拱、高儀同受顧命輔政。翌日帝崩，神宗嗣立，年始十歲，詔江陵卜視大行皇帝陵寢。時江陵與高拱因太監馮保事，隙愈深。比江陵卜視陵寢歸，拱已為保所構罷。高儀未幾亦病卒。江陵自此乃以首輔資格，一人柄政矣。

江陵與拱原極相得，拱之再起，且為江陵所引致。自陳、李相繼去位後，二人以志同道合之交，繼周、召夾輔之美，允宜同舟共濟，相得益彰矣。無如拱蓄意修怨徐階，扼之唯恐不至。江陵無論為公為私，勢不能助之下石。而拱以江陵未肯苟同，竟爾遷怒及之。則二人之隙末凶終，拱自不得辭其咎。至馮保之事，則尤拱剛愎之氣有以自貽伊戚，而促成其反噬。據《明史紀事本末》（卷六十二）所載：

時太監馮保方居中用事，矯傳大行遺詔云：「閣臣與司禮監同受顧命。」廷臣聞之俱駭。一日內使傳旨至閣，拱曰：「言出何人？上沖年，皆若曹所為，吾且逐若曹矣。」內臣還報，保失色，謀逐拱。

由此可知拱之去固由保所搆陷，而保之構拱，則又拱迫之使然也。拱於保之司禮監，初以惡其為人，故靳而弗予；及保矯詔自為之，又欲收其權於內閣，嗣復令科道交章劾保，意欲置之重典。保以一奄寺小人，在如此威脅之下，安得不力謀自衛，務求去拱而後快乎？信哉！陳鑾之言曰：

明代奄寺之權，根深柢固，驟難轉移。新鄭（按：拱系新鄭人，故以其地稱之）當女君幼主（按：指仁聖、慈聖兩宮及神宗），宮府隔絕之時，乃欲奪司禮之權，盡歸內閣，其謀固已疏矣。無論不能逐保也，即使去一保，則必復用一保。此曹嵬瑣，安得賢於保者而用之？且肘腋之間，持之過激，則南宮甘露之變，可為寒心。新鄭愎而疏，不能安其位也必矣。（《全集》附錄二《陳鑾重刻張太岳先生全集序》）

觀此則拱之被逐，實屬咎由自取，於江陵何與焉？乃拱既因階事銜江陵，於保事初則疑江陵與保相勾結，及其黨群起攻保，又嚴戒江陵勿與聞，是其先以不肖之心待人，公然予江陵以難堪矣，又豈江陵之過乎？顧拱之侮江陵也如此其甚，而江陵於王大臣之獄，猶自力為拱解，始獲倖免株連；及拱既歿，復賴江陵之力請，始獲釋神宗之怒而賜予祭葬。昔孔子有云：「以直報怨」，如江陵者，其足以當之而無愧焉。乃猶不能見諒於人，至坐以「附保逐拱」之嫌，而冤遭賣友求榮之謗，此真所謂是非顛倒，眾口鑠金者矣。

第八章　江陵之柄政（上）

江陵既以元輔柄政，當主少國疑之日，值朝綱廢墜之時，欲求重振君威，自非提高相權不可。蓋明自洪武中胡惟庸謀叛伏誅以後，遂罷丞相之官，而以六曹分掌政務，別以殿閣詞臣加孤卿之銜，司票擬之事，而名之曰閣臣，以代丞相之職。此在雄王御宇之時，原可享乾綱獨振之名，免太阿倒持之患，防微杜漸，君權集中，固專制政體之極則也。無如繼起之君未必盡具才略，其本身既以未諳法理，無以行興革之宜，而閣臣復以權力輕微，自難勝匡扶之任。於是向之防相權過重者，浸且並君威而兩失之；朝政之不修，其由來也漸矣。江陵洞察其弊，深知欲振君威，必先自提高相權入手。誠以在專制政體之下，君主每因世襲而倍有才難之嘆，輔臣則由選拔而易獲王佐之材。相權提高，則君雖庸劣，尚可賴輔臣匡襄之力，收垂拱而治之功。此在當時神宗以沖齡而君臨天下，尤有其必要者也。唯當主少國疑之際，昌言提高相權，在江陵固孤忠自矢，勞怨不辭，而上自君主，下至群僚，非使誠信相孚，必至動遭掣肘。尤以自高拱去位，盈廷百僚，對江陵未能諒解，已多側目；苟非善處其間，則不利孺子之流言，勢且令江陵內不自安，而無以取得幼君及兩宮之信任。江陵於此慮深籌熟，一面既力求博取君主之信從，一面復設法謀求百僚之擁護。其中經過，殊屬煞費苦心，始獲稍收成效。茲特略加陳述，於以見君主專制國體之下，政治家爭取政權之手腕，固與民主國家迥異其趣也。

神宗沖齡踐阼，兩宮實有參預用人行政之大權。故江陵欲求神宗之信任，必先得兩宮之信任。江陵所取之策略，即以法祖之名，使兩宮信其舉措之率由舊章，不復致疑於其實際之興革。據《明史紀事本末》（卷六十一《江陵柄政》節）所載如次：

居正既柄政，慨然以天下為己任，中外想望豐采，一意尊主權，課吏實。嘗言「高皇帝得聖之威者也，世宗能識其意，是以高臥法宮之中，朝委裘而不亂。今上，世宗孫也，奈何不以法主？」

又江陵《初上神宗謝召見疏》亦云：

為祖宗謹守成憲，不敢以臆見紛更；為國家愛養人才，不敢以私意用舍：此臣忠皇上之職分也。仍望皇上思祖宗締造之艱，念皇考顧遺之重，繼之益講學勤政，親賢遠奸，使宮府一體，上下一心，以成雍熙悠久之治。

由此可見江陵蓋欲以舊瓶置新酒，陽托法祖之名，陰以維新為務。當守舊勢力方盛之時，非此固無以緩和反動而成改革之功，更遑論使宮府一體上下一心乎？此則江陵苦心孤詣，未足為淺人道者也。至其溝通宮府之術，則在善用馮保以為己助。江陵之用馮保，即反對者所引以指摘其「附保逐拱」之口實，實則江陵固別具苦衷，如陳鑾所謂「公之馭保，假以詞色，俾就羈紲，然後宮廷一氣，而唯吾所欲為；制御有方，保亦不能有所過惡。夫曲逆之交驩辟陽，梁公之折節群豎，計慮至深，斡旋至大，不屑以小節自拘也」（《重刻張太岳先生全集序》）。然則江陵之於保，固在用之，而非附之，固在導之為善，而非從之為惡。此正江陵善用政治手腕之處，以視拱之一味剛愎不能容物者，固不可同日而語矣。況江陵為政，純係自為主體，絕不肯仰人鼻息。以江陵自視之高，自信之堅，而謂其甘於附保以自辱，不亦偵乎！彼為此言以攻江陵者，顧又同時責其「威柄之操幾於震主」。夫以震主之威，而猶自俯首帖耳於一宦豎之前，吾不知彼肆為诪張者，又何以自圓其說也！觀夫神宗與兩宮對江陵之尊禮有加，委以朝政，雖神宗於江陵身後，因誤信讒間而忽變初衷，而其於江陵柄政期間，固自被以殊榮，待以師禮，歷十年如一日，於以見宮府一體之說終獲實現，而江陵因勢利導之功誠有足多者矣。

雖然，江陵當前亟待解決之困難，固猶有什百倍於此者。蓋就其當時之環境而言，不難於委曲求全，以取得神宗與兩宮之信任，而難於寬猛相濟，俾博取盈廷僚佐之同情。江陵於前者雖已如願以償，顧於後者則殊難使就範。誠以朝綱廢弛，由來已久，怠玩勢成，驟難振作，江陵所謂「勢之既成智者不能措意者」，殆實情也。於此而欲提高相權，俾收風行草偃之功，自非徒示寬大所能奏效，而必恃用威以濟其窮。據《行實》云：

太師道雖直方，中實惻怛。少讀《春秋傳》，慨然曰：「古稱政之所予，在順民心。有以咈為順者，子產是也。吾殆類是乎！」其論治欲儆官邪，齊民萌，不專姑息，有救世之思。蓋獨見謂罔少密則莫能扞格，法可懸而不可用，特以初引綱維，不得不固握其柄而信用之。意俟天下遵制揚功，風成俗定，然後恢闊禁罔，削除煩苛，示民長厚之道耳。

觀此可見江陵以儒家之立場，而猶勉循子產之遺規，偏重法家之治術者，殆亦有所不得已耳。如武侯，如荊公，其所以治亂持危，振衰起廢，足以媲美管、商而無愧者，其不得已之苦衷，固亦初無二致也。江陵採用法家之治術，其初步之具體表現，厥為整飭紀綱嚴核官吏之一事。至其用意則不唯使群僚知幼主之不可欺，尤在使知相權之不可侮。故於柄政之始，即首請神宗頒發考察百官之敕諭，略謂：

朕初嗣大位，欲簡汰眾職，圖新治理，南京六部等衙門四品以上官俱著自陳，去留取自上裁。（《遵諭自陳不職疏引》）

此一舉動在當時實至關重要，蓋既經考察，則對於失職之僚屬，固可嚴加淘汰，俾肅官邪之戒；對於反對之分子，又可聊資警惕，借安反側之心。誠可謂一舉而兩得之者矣。及百官去留既定，復請戒飭群臣集百官於午門外受諭。所擬敕諭，有如左述：

蓋聞理道之要在正人心，勸阻之機先示所向。朕以沖幼獲嗣丕基，夙夜兢兢，若臨深淵。所賴文武賢臣同心畢力，弼予寡昧，共底昇平。乃自近歲以來，士習澆漓，官方祁缺。鑽窺隙竇，巧為獵取之媒；鼓惑朋儔，公事擠排之術。詆老成廉退為無用，謂讒佞便捷為有才。愛惡橫生，恩仇交錯。遂使朝廷威福之柄，徒為人臣酬報之資，四維幾至不張，九德何由而咸事？朕初承大統，深燭弊源，亟欲大事芟除，用以廓清氛濁。但念臨御茲始，解澤方覃，銛鋤或及於芝蘭，密網恐驚乎鸞鳳。是用去其太甚，薄示戒懲，余皆曲賜矜原，與之更始。《書》不云乎？「無偏無黨，王道蕩蕩；無黨無偏，王道平平」。朕方嘉與臣民，會歸皇極之路，爾諸臣亦宜痛湔宿垢，共襄王道之成。自今以後，其尚精白乃心，恪恭乃職，毋懷私以罔上，毋持祿以養交，毋阿依淟涊以隨時，毋噂沓翕訿以亂政！任輔弼者，當協恭和衷，毋昵比於淫朋，以塞公正之路！任銓衡者當虛心鑒物，毋任情於好惡，以開邪枉之門！有官守者，或內或外，各宜分猷念，以濟艱難！有言責者，公是公非，各宜奮谠直，以資聽納！大臣當崇養德望，有正色立朝之風。小臣當砥礪廉隅，有退食自公之節。庶幾朝清政肅，道泰時康，用臻師師濟濟之休，歸於蕩蕩平平之域。爾等亦皆垂功名於竹帛，綿祿蔭於子孫，顧不美歟！若或沉溺故常，堅守舊轍，以朝廷為必可背，以法紀為必可干，則我祖宗憲典甚嚴，朕不敢赦！百爾有位，宜悉朕懷！欽哉敕諭。（《請戒諭群臣疏引》）

此諭既頒，一時百官莫不惕息，紀綱為之一振焉。明白武宗失政，君威凌替，垂七十年；神宗以沖幼之君，竟獲振朝綱於既墜，則江陵翊贊之功，為不可沒；至相權因之而提高，固猶其小焉者也。乃僉人不諒，猶復妄肆詆毀，如高拱所言，即可見其一斑。其言曰：

人情洶洶，科道官各具本欲言，荊人（指江陵）乃只稱病不出。科道以閣中無人，姑待，而荊人出，即語科道曰：「今後內邊事，不要說他。」眾方觀望，而荊人已上揭帖，考察百官。既命下，則科道皆聽處分，誰敢聲言？於是但異己毫髮者悉去之，而留者又示恩以收之。且既經一翻風雨，人皆以見留為幸，而前事不復說起。而彼則引用黨與，佈滿朝廷，盡反我所行之事。笑吟吟掌定三臺印，裡廸外合，挾天子以令諸侯，乾坤世界任其翻弄，無復誰何之者（《高文襄公文集．病榻遺言卷三》）。

此文可謂極醜詆之能事。以拱之不慊於江陵，其肆行醜詆，固屬無足重輕。第其所持以攻江陵者，則是非公道之所關，是不可以不辯。夫江陵受命於危疑之際，圖功於積弊之餘，非袪除異己，不足以清反側而謀革新，非引用同志，不足以謀合作而收實效。至於挾君自重，馭下以威，則尤所以應時勢之需求，司成敗之關健。凡此皆政治家施政之要圖，在開明政體下固為法律之所許，在專制時期中尤屬利害之所關。江陵以當機立斷之姿，為正本清源之策，是蓋出於不得不然，而不應引以為咎者也。況其以一介之儒臣，當鈞衡之重任，對上既思有以報九重特達之知，對下更求有以慰兆庶來蘇之望。且其畢生抱負，原在匡時弼君，佐成盛世。一旦朝綱在握，素願克償，欲求完成當前之事功，自須掃除昔人之積弊。然則拱以悉反所為責江陵者，不且愈足顯示江陵除舊布新之功乎？觀江陵之辭免恩命也，一則曰：

能薄而位高，則易有覆餗之虞；勞微而獲厚，則《詩》有《伐檀》之刺。臣雖至愚，自量甚審。不揣分於知足，必將速咎於顛隮。（《辭免恩命疏》）

再則曰：

朝廷慎重名器，必自貴近始，所以示大公也；人臣雖竭力盡勞，不敢言功，所以昭大分也……臣受先帝顧托之重，夙夜兢兢，唯以不克稱塞是懼。於凡大禮大政，皆遵率祖宗彝典，祇奉皇上英斷，臣不過鞠躬仰成於下而已，又何功之有焉？（《再辭恩命疏》）

三則曰：

荷蒙皇上：信任專篤，寵以師臣之禮，日承晉接之榮，每事必咨，有言必聽，是臣之志已行，願已遂矣。……又何敢過冒非分之恩，以速必然之咎耶？（《三辭恩命疏》）

是其本心之忘情利祿，固已彰明較著。再觀《明史》之稱其政績也，謂：

居正為政，以尊主權、課吏職、信賞罰、一號令為主。雖萬里外，朝下而夕奉行。……太倉粟可支十年。……太僕金亦積四百餘萬。又為考成法以責吏治。……自是一切不敢飾非，政體為肅。……能以智數馭下，人多樂為之盡，故世稱居正知人。(見本傳)

是其為政之卓著功效，更屬有口皆碑。以其本心之忘情利祿也有如彼，而其為政之卓著功效也有如此，可知其爭取政權之動機，在事功而不在祿位，在實效而不在虛名。嗚呼！如江陵者，誠可謂社稷之臣，超然不失為大政治家之風度者矣！彼悠悠之口，又何足以損其毫髮也哉？

第九章
江陵之柄政（中）

劉臺之劾江陵也，曰：「進言者皆望陛下（指神宗）以堯舜，而不聞責輔臣（指江陵）以皋、夔。」（見《明史．劉臺本傳》，詳見下章）嗚呼！臺為此言，抑何謬妄之甚耶！夫神宗者特一昏庸無知之童子耳。徒以席祖父之餘蔭，幸得君臨乎中國。使無江陵以輔翼而匡是之，則其放僻邪侈之所為，必且自沖年而已著，吾恐不待闖賊之為亂，及清兵之入關，而明社之屋久矣。彼於江陵之生前，固依賴其匡弼之功，以挽回積弱之國勢；即於江陵之身後，猶獲享其餘蔭，以勉致二十年之昇平。公之所施於彼者固不可謂不厚，顧其所以報公者則何如？以先朝顧命之元臣，積十年公忠之勞瘁，而乃於其屍骨未寒之頃，遽忘日常倚畀之殷，徒以浸潤之加，幾肇戮屍之慘。嗚呼！如公之為臣，庶幾無忝於皋、夔，而神宗之為君，其與堯、舜相去，又何可以道理計哉？此所以史家撫其君臣遇合之遺蹟，而不禁感慨係之也。

江陵十年相業，功在國家。其犖犖諸端，有關一代興衰之轉移者，容俟別以專章詳述；茲先就其關於翊贊君上匡輔王室者，概略言之。俾知公於君臣之分，大義凜然，繩以當時倫理觀念之所宗，固不失為一代之完人也。

隆慶六年六月，高拱既去位，神宗御平台，召公慰勞之曰：「皇考屢稱先生忠臣。」

公頓首泣謝曰：「今國家要務，唯在遵守舊制，不必紛更。至於講學親賢，愛民節用，又君道所先。乞聖明留意！」上善之。此公教導神宗之造端也。未幾，公即請酌定朝講日期，奉旨「常朝定三六九日御門聽政，餘日只御文華殿講讀」。每逢講日，定以日出時早膳畢即御講讀，至午膳為止。公尋復進《帝鑒圖說》。上見捧冊進，遽起立，命左右展冊。公從旁指陳大義，上應如響，因即宣付史館。一日上御文華殿，講畢，覽至漢文帝勞軍細柳事，公因言「皇上當留意武備。祖宗以武功定天下，承平日久，武備日弛，不可不及早講求也」。上稱善。又奏請明年正月上旬即御殿日講。萬曆元年十月，公進講，言及宋仁宗不喜珠飾，上曰：「賢臣為寶，珠玉何益！」公曰：「明君貴五穀，賤珠玉，五穀養人，珠玉饑不可食，寒不可衣。」上曰：「然！宮人好治妝，朕歲賜未嘗不節省。」公曰：「皇上言及此，社稷生靈之福也。」上又曰：「秦始皇銷兵。梃可傷人，何銷兵為？」公曰：「人君布德修政，以結民心為本。天下之患，每出所防之外。秦亡於戍卒。故天時不如地利，地利不如人和。」上曰：「然！人定真能勝天也。」二年正月，公奏請引見廉能官，仿祖宗午朝之儀。上從之，遂御皇極門，引見朝覲清廉卓異浙江布政使謝鵬舉等二十五人，特加獎勵。公又以所刪定之《大學講章》一冊、《虞書講章》

一冊及《通鑑講章》四冊進，以供上溫故知新之用。既而因上言及建文帝在外題詩事，復上太祖所撰《皇陵碑》。公俟上覽畢，乃曰：「祖宗當日艱難，蓋以天心為心，故能創製顯庸。皇上以聖祖之心為心，乃能永保洪業。」因述太祖微時事及即位勤儉。上愴然曰：「朕敢不黽勉法祖！然尚賴先生輔導也。」是年十二月，公率大臣上御屏。屏繪天下疆域及職官姓名，用浮帖以便更換。上命設於文華殿後，時加省覽。四年五月，公及大臣等請覽奏章，時閱太祖所親批疏稿為法。上曰：「然！」公因簡內閣所藏太祖手諭六十三道、御制四十四道，聖旨並帖共六十道，上之。七年，上患疹，慈聖太后命僧於戒壇設法度眾。公上言：「戒壇奉皇祖之命禁止至今，以當時僧眾數萬，恐生變敗俗也。今豈宜又開此端？」事遂寢。未幾上疹愈，征光祿寺十萬金。公上言：「財賦有限，費用無窮。使積貯空虛，不幸有四方水旱之災，疆埸意外之變，可為寒心。此後望力加撙節，若再征金，臣等不敢奉詔矣。」時上漸備六宮，太倉所儲屢有宜進。公上戶部所進御覽錢糧數目，請置之坐隅，時加省覽，量入為出。因言：「萬曆初年所入四百三十五萬有奇，六年所入僅三百五十五萬有奇，則已少八十餘萬矣。五年歲出三百四十九萬有奇，而六年所出乃至三百八十八萬有奇，則已多四十萬矣。夫歲出則浮於前，歲入則損於前，此不可不留意也。王制量入為出，計三年之出，必有一年之餘而後可。況財用止有此數，設法巧取，不能增多，唯加意撙節，則用自足。」上嘉納之。七月，給事中顧九思、王道成等以江南水災，請罷浙直織造內臣。上以示公。公奏：「民重困，宜召還孫隆。」上曰：「彼織幣且完，當俟來春耳。」公曰：「地方多一事，則有一事之擾；寬一分，則受一分之惠。災地疲民，不堪催督，暫去之，俟稍稔，可復也。」上從之。八年十二月，公請屬儒臣以累朝《寶訓實錄》，分四十餘則：曰創業艱難，曰勵精圖治，曰勤學，曰敬天，曰法祖，曰保民，曰謹祭祀，曰崇孝敬，曰端好尚，曰慎起居，曰戒游佚，曰正宮闈，曰教儲貳，曰睦宗藩，曰親賢臣，曰去奸邪，曰納諫，曰守法，曰敬戒，曰務實，曰正紀綱，曰審官，曰久任，曰重守令，曰馭近習，曰待外戚，曰重農，曰興教化，曰明賞罰，曰信詔令，曰謹名分，曰卻貢獻，曰慎賞賚，曰甘節儉，曰慎刑獄，曰褒功德，曰屏異端，曰飭武備，曰禦寇盜；仍敕次第進呈，俟明年開講，其諸司章奏切要者，即講畢面裁。時上留意翰墨，公以為筆札小技，非君德治道所繫，故有是請。九年正月，公請令翰林分番入直，應和文章，或令侍上清讌，質問經義，陳說治理，如唐、宋故事。十年二月，公上言「安民之道，在察其疾苦。今尚有一事為民害者，帶徵稅糧也。夫百姓財力有限，一歲之入僅足供一歲，不幸歲歉，目前尚不能辦，豈復有餘力更完累歲積逋乎？有司辟責，往往將今年所征抵完舊逋，即今年所欠又為將來帶徵矣。況征輸額緒繁多，年分淆雜，小民竭脂膏，胥吏飽谿壑，甚者不肖有司因而漁獵。……乞諭戶部核萬曆七年以前積負悉行蠲免，將見年正額責令盡完，在百姓易辦，在有司易征，是官民兩利也。」上從之。詔下，中外大悅。

綜上所述，公之所以勸導神宗，使之講學勤政，節用愛人，以求不流於惡而無愧為君者，已可略見一斑。第以屬望過切，督責自難免較嚴。即如一日上在經筵讀《論語》「色勃如也」，誤讀作「背」字。公從旁厲聲曰：「當作勃字！」上悚然而驚，同列皆失色，此一事也；慈聖訓帝嚴，每切責之，且曰：「使張先生聞奈何？」於是上甚憚公。及帝漸長，心厭之，此又一事也。凡此在賢明之君，自可鑒其忠誠而曲加原宥，甚且嘉其匡翊而倍予尊榮。顧以神宗之昏庸，雖因慈聖之督飭，不得不虛己以聽，實則內顧難堪，早生厭惡，宜公之終不免於身後之禍也。

嗚呼！以江陵之忠貞事上，而神宗乃二三其德，唯以涼薄報之。江陵之負神宗歟？神宗之負江陵歟？神宗死而有知，吾知其亦難以自解也！

右所述者，特專就江陵所以直接匡導神宗者言之耳。此外尚有兩事，則系公以思患預防之策，間接措君主及皇室於泰山磐石之安者，即制馭宦官及節制親貴是已。

歷代宦官之禍，漢、唐最烈。明太祖雖起自田野，顧於閹寺之為害，知之最深，防之最嚴。觀其所謂「求善良於中涓，百無一二。用為耳目，即耳目蔽；用為腹心，即腹心病。馭之之道，但當使之畏法，不可使之有功。有功則驕恣，畏法則檢束」（見《明鑒》卷一）。可謂明於制馭宦官之術矣。然自成祖以後，宦官又漸得勢。如永樂（成祖年號）中，鄭和以一內侍，竟有遠征南洋之舉，其權勢之大可知。然猶未至為害也。至英宗時，因王振之勸而征也先，致有土木之變，則君上已親蒙其害矣。至憲宗用汪直以主西廠，後復令處置邊務、則軍民已交受其擾矣。及武宗寵任劉瑾，專擅朝政，殘害忠良，甚至欲舉天下而「任彼取之」，則社稷幾為所動搖矣。推原其為禍之由，殆以彼輩日處宮中，侍帝后之左右，苟遇昏庸之主，未有不受其蠱惑矇蔽，以致倒行逆施者。明政不綱，此亦其癥結之一矣。顧當江陵為政之時，則彼輩多俯首帖耳，甘於就範，無敢專擅者。（參閱趙翼《二十二史札記》）此自公之善於駕馭有以致之。蓋公之柄政，政權集中於內閣，閣權復集中於公之一身，凡軍國重事，內侍悉不獲與聞，如此自足杜若輩專權之漸。即遣往京外採買織造之內臣，亦以公嚴加裁製而不敢倚勢為惡。至公所持以制之者，厥在善用馮保。觀左述二事可以知之：

> 帝初即位，馮保朝夕視起居，擁護提抱有力，小扞格，即以聞慈聖。……乾清小璫孫海、客用等導上遊戲，皆愛幸。慈聖使保捕海、用，杖而逐之。居正復條其黨罪惡，請斥逐，而令司禮孫德秀等及諸內侍自陳，上裁去留。（《明史》江陵本傳）

> 南京小奄醉辱給事中，言者請究治。居正謫其尤激者趙參魯於外以悅保，而徐說保裁抑其黨，毋與六部事，其奉使者，時令緹騎陰詗之。其黨以是怨居正而心不附保。（同上）

公之善於使其自相裁製也如此，故雖以保之才足以濟其惡，而終未敢稍形恣橫，其他宦官更無論矣。及公歿未幾，而榷稅採礦之內臣，乃竟故態復萌，肆無忌憚，激成民變而動搖國基者，史不絕書。迨熹宗朝而魏忠賢之禍復作。於是內憂未已，外患乘之，明終以亡其國。然則江陵弭患未萌之功，不且因有此反證而愈顯然也哉！

在昔專制時代，外戚宗藩之禍，屢見不鮮。蓋以椒房之貴，宗室之親，苟無防微杜漸之方，每啟驕橫不臣之患。其理至明，無俟贅述也。江陵於外戚力主裁抑，即以慈聖太后對公禮遇之隆，信任之篤，顧於太后生父李偉請封時，公亦堅持其所封伯爵，不許違例世襲，至於上疏力諫，略謂：

今皇上孝事聖母，豈能有加於世廟？而聖母之篤厚外家，亦豈有逾於章聖皇太后乎？今以世宗皇帝之所不能加，章聖太后之所不可逾，而聖母與皇上必欲破例處之，此臣等所以悚懼而不敢擅擬者也。夫孝在無違，而必事之以禮；恩雖無窮，而必裁之以義。貴戚之家，不患不富，患不知節；富而循禮，富乃可久。越分之恩，非所以厚之也；逾涯之請，非所以自保也。（《請裁抑外戚疏》）

此疏於嚴正之中，喻以利害所在，是以終獲報可。及神宗大婚後，又命內閣為後父王偉等擬旨封爵。公復上疏，引太祖定製非軍功不得封爵，世宗敕諭外戚不許封爵，力勸上勿違祖宗定製。神宗勉納其言，第封偉伯爵而不許世襲，至偉之弟俊、男棟等，則終未獲封。凡此不唯慎爵賞以重名器，尤在防後患而安王室，其用意固至深且微也。至其封於宗藩，則於教導而外，尤重安撫。明代宗藩之權勢，初原失之過重，卒以啟燕王（成祖）靖難之師，高煦樂安之叛。至世宗朝，鑒於宸濠之亂，遂於宗藩嚴加抑損，所定「宗藩事例」，尤復務為嚴刻。此固在力懲前失，然衡以親親之誼，則又未免矯枉過正。公為力求兼顧起見，一面教導宗藩，勸令安靜無擾，慎節自保，如集中《壽襄王殿下序》中所云：

夫物有便於己，則願常有之；無便於己，即一日不能相守。……賢者使人愛而戴之，便而全之。……子之積厚矣，吾無以益子；子而計子之所有者，慎用之而已。……夫神不可以驁用，嗇之則疑；福不可以驟享，嗇之則永；強不可以厚恃，嗇之則堅。故聖人之言曰：「事天治人莫如嗇。」

即可見其教導之苦心，一面則力導神宗以敦睦之義，如《請裁定宗藩事例疏》所謂：

夫令所以布信，數易則疑；法所以防奸，二三則玩。……但欲勒成簡策，昭示將來，則必考求國體，審察人情，上不虧展親睦族之仁，下不失酌盈劑虛之術，使情法允協，裒益適宜，乃足為經常處久之規，垂萬世不刊之典。

即可知其安撫之旨歸，嗣復就事例未當者十一條，請敕禮官之集議，著為令。諸藩於是感激親上，而厚薄親疏有禮矣。嗚呼！如江陵者，非所謂善處人骨肉之間者耶？

吾書以限於篇幅，所述江陵相君之方姑止於此。然即就上述者觀之，江陵致君堯、舜之苦心固已灼然可見。獨惜神宗雖有皋、夔之臣，而不足以大有為也。明之終於不振，雖曰天意，謂非由於人謀之不臧哉！噫！

第十章

江陵之柄政（下）

第十章　江陵之柄政（下）

江陵自柄政以還，本信賞必罰之方針，行綜核名實之政治，用意唯在發揚國力，整飭官方，意美法良，可以想見。無如玩愒之習，久染成風，驟予改弦更張，自易引起反響。是以未幾而風波突起，百僚因不便於治術之嚴明，竟群起而施以公開之攻擊。彈章疊上，信口雌黃，其居心蓋欲譖愬於幼主兩宮之前，必欲去公而後快。以公個性之剛強，政見之堅決，固嘗以適宜之處置，杜反對之企圖。顧其以一人之身，而為眾怨之府，其處境愈艱，而其用心亦愈苦矣。

此次風潮之起因，據《明史》所述，謂系由於「居正以御史在外，往往淩撫臣，痛欲折之，一事小不合，詬責隨下，又敕其長加考察」（江陵本傳）。究其實，則江陵此舉，蓋以杜言官挾權掣肘之風，防疆吏賄賂取容之弊，統籌並顧，所以防其漸也。乃給事中余懋學竟率爾上疏，請行寬大之政。公以其不明微旨，第免職示儆而已。萬曆三年，御史傅應禎又上疏請開言路，為懋學鳴不平，旋被謫戍。於是科道諸臣嚴用和、劉天衢、徐貞明、李禎、喬嚴等，又紛紛上疏，為應禎鳴不平，亦均被譴謫。公此時慍於群小，悉心應付，固已痛苦非常。不謂其門生劉臺以巡按遼東時違例誤報戰功，致受飭責，竟於萬曆四年上疏，對公肆行攻擊，藉以報復，其措辭之偏激，尤足予公以難堪。

此疏立言純係意氣用事，自無足取，然亦可略窺當時士大夫反對江陵集中相權之心理，姑錄之以供參考：

臣聞進言者皆望陛下以堯、舜而不聞責輔臣以皋、夔，何者？陛下有納諫之明，而輔臣無容言之量也。高皇帝鑒前代之失，不設丞相，事歸部院，勢不相攝，而職易稱。文皇帝（成祖）始置內閣，參預機務。其時官除未峻，無專肆之萌。二百年來，即有擅作威福者，尚惴惴然避宰相之名而不敢居，以祖宗之法在也。乃大學士張居正儼然以相自處，自高拱被逐，擅威福者三四年矣。諫官因事論及，必曰：吾守祖宗法。臣請即以祖宗法正之。

祖宗進退大臣以禮。先帝臨崩，居正託疾以逐拱，既又文致之王大臣獄，及正論籍籍，則抵拱書令勿驚死。既迫逐以示威，又遺書以市德，徒使朝廷無禮於舊臣。祖宗之法若是乎？

祖宗朝非開國元勛，生不公，死不王。成國公朱希忠，生非有奇功也，居正違祖訓，贈以王爵。給事中陳吾德一言而外遷，郎中陳有年一爭而斥去。臣恐公侯之家，布賄厚施，緣例成乞，將無底極。祖宗之法若是乎？

祖宗朝，用內閣塚宰，必由廷推。今居正私薦用張四維、張瀚。四維在翰林，被論者數矣，其始去也，不任教習庶吉士也。四維之為人也，居正知之熟矣；知之而顧用之，夫亦以四維善機權，多憑藉，自念親老，旦暮不測，二三年間謀起復任，四維其身後托乎？瀚生平無善狀，巡撫陝西，贓穢狼藉，及驟躐銓衡，唯諾若簿吏，官缺必請命居正。所指授者，非楚人親戚知識，則親戚所援引也；非宦楚受恩私故，則恩故之黨助也。瀚唯日取四方小吏，權其賄賂，而其他則徒擁虛名。聞居正貽南京都御史趙錦書，臺諫毋議及塚宰，則居正之脅制言官，又可知矣。祖宗之法若是乎？

祖宗朝詔令不便，部臣猶訾閣擬之不審。今得一嚴旨，居正輒曰：我力調劑故止是。得一溫旨，居正又曰：我力請而後得之。由是畏居正者甚於畏陛下，威居正者甚於威陛下，威福自己，目無朝廷。祖宗之法若是乎？

祖宗朝一切政事，臺有奏陳，部院題覆，撫按奉行，未聞閣臣有舉劾也。居正定令：撫按考成章奏，每具二冊，一送內閣，一送六科；撫按延遲則部臣糾之，六部隱蔽則科臣糾之，六科隱蔽則內閣糾之。夫部院分理國事，科臣封駁奏章，舉劾其職也。內閣銜列翰林，止備顧問，從容論思而已。居正創為是說，欲脅制科臣拱手聽命。祖宗之法若是乎？

至於按臣回道考察，苟非有大敗類者，常不舉行，蓋不欲重挫抑之。近日御史俞一貫以不聽指授，調之南京，由是巡方短氣，莫敢展布，所憚獨科臣耳。居正於科臣既啖之以遷轉之速，又恐之以考成之遲，誰肯舍其便利，甘彼齮齕，而盡臣言事哉？往年趙參魯以諫遷，猶曰外任也；余懋學以諫罷，猶曰禁錮也。今傅應禎則謫戍矣，又以應禎故而及徐貞明、喬岩、李禎矣。摧折言官，仇視正士。祖宗之法如是乎？

至若為固寵計，則獻白蓮白燕，致詔旨責讓，傳笑四方矣。規利田宅，則誣遼王以重罪，而奪其府地，今武岡王又得罪矣。為子弟謀舉鄉試，則許御史舒鰲以京堂布政，施堯臣以巡撫矣。起大第於江陵，費至十萬，制擬宮禁，遣錦衣官校監治，鄉郡之脂膏盡矣。惡黃州生儒議其子弟幸售，則令縣假他事窮治無遺矣。編修李維楨偶談及其家富，不旋踵即外斥矣。蓋居正之貪，不在文吏而在武臣，不在內地而在邊鄙。不然，輔政未幾，即富甲全楚，何由致之？宮室輿馬，姬妾奉御，同於王者，又何由致之？

在朝臣工莫不慨嘆，而無敢為陛下明言者，積威之劫也。臣舉進士，居正為總裁；臣任部曹，居正薦改御史，臣受居正恩亦厚矣。而今敢訟言攻之者，君臣誼重則私恩有

不得而顧也。願陛下察臣愚悃，抑損相權，毋俾僨事誤國，臣死且不朽！（見《明史》臺本傳》）

疏中對江陵妄肆攻擊，毫無佐證。即如所言廢遼王而奪其府地一事，臺既誣之於先，史官即據以誣之於後，以致謗讟相承，沉冤莫白。實則遼王之廢國，釁起於荊州分巡施某，獄成於刑部侍郎洪朝選，江陵初無與焉。即遼藩故邸，亦系以給廣元王，公更無攘為己宅之事。（見《全集》附錄二《陳治紀書》、《張文思公文集後》及《張同奎上六部稟帖》）舉此一端，可見疏中攻訐江陵私德之處，純係挾嫌誣構，無足深論。至關於國事方面，彼其所指摘者，不外違犯祖法擅作威福一點。此則針對公之集中相權銳意革新而發，一面固足淆亂天下之聽聞，一面尤足破壞江陵之政策，當非忠君愛國如江陵者所能忍受。況以臺原出江陵門下，而竟負恩反噬，一至於此，尤為公所切齒痛心。於是為表明心跡計，公乃不得不上書求去矣。原疏如左：

昨以御史劉臺論列，具奏乞休。伏奉聖旨：「卿赤忠為國，不獨簡在朕心，實天地祖宗所共降鑒。彼讒邪小人，已有旨重處。卿宜以朕為念，速出輔理，勿介浮言。吏部知道，欽此。」臣捧讀恩綸，涕泗交集。念臣受先帝重託，既矢以死報矣。今皇上聖學尚未大成，諸凡嘉禮尚未克舉，朝廷庶事尚未盡康，海內黎元尚未咸若。是臣之所以圖報先帝者未罄其萬一也，臣敢言去？古之聖賢豪傑，負才德而不遇時者多矣。今幸遇神聖天縱不世出之主，所謂千載一時也，臣又豈可言去？皇上寵臣以賓師不名之禮，待臣以手足腹心之托，和親相倚，依然藹然，無論分義當盡，即其恩款之深洽，亦自有不能解其心者，臣又何忍言去？然而臣之必以去為請者，非得已也。蓋臣之所處者危地也；所理者皇上之事也；所代者皇上之言也。今言者方以臣為擅作威福，而臣之所以代王行政者，非威也則福也。自茲以往，將使臣易其塗轍，勉為巽順以悅下耶？則無以逭於負國之罪；將使臣守其故轍，益竭公忠以事上耶？則無以逃於專擅之譏。況今讒邪之黨，實繁有徒，背公行私，習弊已久。臣一日不去，則此輩一日不便；一年不去，則此輩一年不便。若取臣之所行者，即其近似而議之，則事事皆可以為作威，事事皆可以為作福。睊睊之讒日嘩於耳，雖皇上聖明，萬萬不為之投杼，而使臣常負疑謗於其身，亦豈節之所宜有乎？此臣之所以輾轉反側，而不能不惕於衷也。伏望皇上憐臣之志，矜臣之愚，特賜罷歸，以解群議。博求廊廟山林之間，必有才全德備之士，既有益於國，而又無惡於眾者，在皇上任之而已。臣屢瀆宸嚴，無任顫慄隕越之至！（《被言乞休疏》）

疏上，神宗特遣司禮太監孫隆持酒食齎溫旨慰留，公不得已始復出理政。帝乃逮臺至京師，下詔獄，命杖百遠戍。公復上疏救之，始從寬免予廷杖，僅遣戍而已。（按《明史》江陵及臺本傳所載關於臺劾江陵事，多厚誣江陵，甚至謂臺之死於戍所，亦公有以致之。所言多系虛構，不可信。今從周聖楷所撰公本傳，見《全集》附錄二）

臺既被黜，諸臣知公聖眷方隆，遂莫敢攖其鋒，反對風潮因之暫趨於沉寂。顧反對派之敵意固仍蘊蓄於中，無時不伺公之隙，欲得而甘心之。及萬曆五年九月，公父觀瀾忽病逝於江陵原籍，於是奪情之議起。伺端報復者乃更有所藉口而大肆其攻訐，墨守經義者更從而推波助瀾，公乃遭遇其畢生最痛苦之一幕，幾於抱恨終天矣。

當公之初聞父喪也，即陳請回籍守制，疏中有云：

> 臣今犬馬之齒才五十有三。古人五十始服官政，而本朝服制止於二十七個月；計臣制滿之日，亦五十六歲耳。此時自量精神體力尚在強健，皇上如不以臣為不肖，外則操戈執銳，宜力於疆場，內則荷橐持籌，預議於帷幄；遠邇閒劇，唯皇上之所使，雖赴湯蹈火，死不敢避。是臣以二十七月報臣父，以終身事皇上也。昔人所謂報國之日長，報劉之日短者也。如此則君臣父子之倫雖不得以並盡，而亦不至於相妨。夫古人有銜哀赴

官墨绖從政者，有金革之事則可。方今賴皇上威德，四郊無壘，九塞清塵，故臣欲以其間少盡私情，此臣之所以籲天泣血，哀鳴而不能自已者也。（《乞恩守制疏》）

此疏情詞懇切，無以復加，公之志在奔喪，於此可見。無如兩宮太后及神宗倚畀方殷，堅不許去。戶部侍郎李幼孜、御史曾士楚、給事中陳三謨等復交章請留。公不獲已，乃勉請在官守制，所有應支俸薪盡數辭免，入侍講讀及在閣辦事，俱著青衣角帶，出歸私第，仍以縗服居喪；並迫請俟父塋竣工，準其歸葬，就便迎母來京，上隨即溫旨報可，唯於歸葬一節，仍令候旨。詎此議甫定，反對風潮即隨之而起。諸翰林王錫爵、張位、趙志皋、吳中行、趙用賢、習孔教、沈懋學輩，紛紛上疏，堅以奪情為不可。員外郎艾穆、主事沉思孝、進士鄒元標復繼起爭之。中行疏中略謂：

居正父子異地分暌，音容不接十有九年，一旦長棄數千里外，陛下不使匍匐星奔，憑棺一慟，必欲其違心抑情，銜哀茹痛於廟堂之上，而責以訏謨遠獻，調元熙載，豈情也哉？……事系萬古綱常，四方視聽。唯今日無過舉，然後後世無遺議。銷變之道，無逾於此者。（見《明史》中行本傳）

所言已備極偏激矣。元標乃更進一步而肆為謾罵，至謂：

第十章　江陵之柄政（下）

臣觀居正疏言，世有非常之人，然後辦非常之事，若以奔喪為常事而不屑為者。不知人唯盡此五常之道，然後謂之人。今有人於此，親生而不顧，親死而不奔，猶自號於世曰：我非常人也。世不以為喪心，則以為禽彘，可謂之非常人哉！（見《明史》元標本傳）

帝覽奏震怒，中行、用賢、穆、思孝、元標等五人皆坐廷杖，並謫斥有差。公復上疏力請曲諒言臣無知，勿與計較。時議者猶呶呶不休。帝乃詔諭群臣，再及此事者誅無赦，復採納言官建議，考察群臣，自陳不職，聽候處分。於是此一大風波始告停息。然而公內心之苦痛，蓋不問可知矣。萬曆六年三月，神宗婚禮既成，公乃一再疏請歸葬。上初猶不許，後以其情辭迫切，乃勉從其請，唯仍限以三個月內葬畢即上道返京。瀕行，上範「帝賚忠良」銀印以賜之，令如楊士奇、張孚敬例，得密封言事；並戒次輔呂調陽等有大事毋得專決，馳驛之江陵，聽張先生處分。公請廣內閣員，詔即令公推薦，公因推禮部尚書馬自強、吏部左侍郎申時行入閣。公既歸葬畢，以母老不能冒炎暑，請俟清涼上道，卒以朝旨催促，乃於六月回朝復職，計往返正三閱月也。詎於公方還京之際，忽又有戶部員外郎王用汲借趙應元託疾乞休事，上疏劾公，略謂：

御史應元以不會葬得罪輔臣（指江陵），遂為都御史炌（陳炌）所論，坐託疾欺罔削籍，臣竊恨之。……今大臣未有不逢相之惡者，炌特其較著者爾。以臣觀之，天下無事不私，無人不私，獨陛下一人公耳。陛下又不躬自聽斷，而委政於眾所阿奉之大臣，大臣益得成其私而無所顧忌，小臣益苦行私而無所愬告，是驅天下而使之奔走乎私門矣。陛下何不日取庶政而勤習之，內外章奏躬自省覽，先以意可否焉，然後宣付輔臣，俾之商榷。閱習既久，智慮益宏，幾微隱伏之間，自無逃於天鑒。夫威福者陛下所當自出，乾綱者陛下所當獨攬；寄之於人，不謂之旁落，則謂之倒持。政柄一移，積重難返。此又臣所日夜深慮，不獨為應元一事已也。（見《明臣奏議》）

此疏責公行私無忌，威福自己，與劉臺前後如出一轍。上覽奏不悅，立諭將用汲切責，並革職為民。公以「其所言有朝廷政體所關，天下治亂所繫者」，乃上疏力辯，略謂：

夫弔喪送殯，人道之常，不但臣無所憾於應元，即應元亦未嘗有持秉風裁不為私交之意，但偶不與耳。彼亦何所畏避，而遂以病乞休耶？若其稱病之有無虛詐及憲職之果否修舉，在炌為堂官，訪之必真，臣不知也。前者屢奉明旨，御史託病偷安及差滿回道，俱著都察院著實糾劾考察。然掌院之臣竟未聞有執法奉行者。今獨炌有此舉耳，而遂為人所誣指脅制。則後之居是任者必將以炌為戒，寧背違明旨，而不敢結怨臺臣，相與務為共同欺蔽，以致紀綱陵替而不可收拾，豈朝廷所以屬任臺臣振揚風紀之意耶？……至……謂皇上當獨攬乾綱，不宜委政於眾所阿附之元輔，此則其微意所在，乃陷臣之機穽也。……明主勞於求賢而逸於得人，故信任賢臣者，正所謂攬權也。豈必若秦始皇之衡石程書，剛愎自用；隋文帝之猜忌任察，讒害忠良，而後謂之有權耶？……夫國之安危在於所任，今但當論輔臣之賢不賢耳。使以臣為不賢耶，則當亟賜罷黜，別求賢者而任之。如以臣為賢也，皇上以一身居於九重之上，視聽翼為不能獨運，不委之於臣，而誰委耶？先帝臨終，親執臣手，以皇上見托。今日之事，臣不以天下之重自任而誰任耶？羈旅微賤之臣，一旦處百僚之上，據鼎鉉之任，若不得明主親信委用，又何以能肩巨負重而得有所展布耶？況今各衙門章奏，無一不經聖覽而後發票。及臣等票擬上進，亦無一不請聖裁而後發行。間有特出宸斷，出於臣等智慮所不及者。今謂皇上漫不經意，一切委之於臣，何其敢於厚誣皇上耶？……緣臣賦性愚戇，不能委曲徇人，凡所措畫，唯施一概之平。法所當加，親故不宥；才有可用，疏遠不遺。又務綜核名實，搜剔隱奸，推轂善良，摧抑浮競，以是大不便於小人。而傾危躁進之士，游談失志之徒，又從而鼓煽其間，相與慫恿攛嗾，冒險釣奇，以覬幸於後日，為攫取富貴之計。蓄意積慮，有間輒發，故向者劉臺為專擅之論，今者用汲造阿附之言。夫專擅阿附者，人主之所深疑也。日浸月潤，鑠金銷骨，小則使臣冒大嫌而不自安，大則使臣中奇禍而不自保。明主左右既無親信重臣，孤立於上，然後呼朋引類，借勢秉權，恣其所欲為，紛更變亂，不至於傾覆國家不已。此孔子所以惡利口，大舜所以疾讒說也。臣日夜念之，憂心悄悄，故敢不避煩瀆，一控茲聖明之前，遂以明告於天下之人，臣是顧命大臣，義當以死報國，雖赴湯蹈火，皆所不避，況於毀譽得喪之間。皇上不用臣則已，必欲用臣，臣必不能枉己以徇人，必不能違道以干譽。臺省紀綱必欲振肅，朝廷法令必欲奉行。奸宄之人，必不敢姑息以撓三尺之公；險躁之士，必不敢引進以壞國家之事。如有捏造浮言，欲以熒惑上聽紊亂朝政者，必舉祖宗之法，請於皇上而明正其罪。此臣之所以報先帝而忠於皇上之職分也。（《乞鑑別忠邪以定國是疏》）

疏上，奉上諭：「朕踐阼之初，方在沖幼，賴卿受遺先帝，盡臣輔佐，以至於今。紀綱振肅，中外又寧，此實宗社之靈所共昭鑒。唯是奸邪小人，不得遂其徇私自便之計，假公伺隙肆為讒譖者，纍纍有之。覽奏忠義奮激，朕心深切感動。今後如再有訛言诪張撓亂國是者，朕必遵祖宗法度，置之重典不宥。卿其勿替初心，始終輔朕，俾臻於盛治，用副虛己倚毗至懷！吏部知道！」觀此諭，無論出自上意，抑系秉承母后意旨，似尚能鑒公忠誠而悉心信任之者。乃厥後公歿未久，遺疏在耳，遽信奸璫之讒，入公於罪。出乎反乎，前後判若兩人，抑又何耶？用知專制淫威，喜怒不測，誠有難乎其為臣者矣！

公自迭遭攻擊，雖以內省無慚，幸獲安於其位，得以盡心竭力，從事於政治主張之實現。加以神宗表面上固猶信任有加，敬禮備至，一切政治設施自可依次實行，無虞掣肘。此自專制時代政治家之立場觀之，未始非千載一時之際遇。顧以群僚側目而視，謗讟萃於一身；一令出則陽奉而陰違，一事舉則面諛而腹誹。雖以公之勞怨不辭，形神固已交感疲頓。遂於萬曆八年三月一再上疏乞休。其第二疏言之尤切，略謂：

今臣之乞去，亦非敢為決計長往也，但乞數年之間，暫停鞭策，少休足力。倘未即填溝壑，國家或有大事，皇上幸而召臣，朝聞命而夕就道，雖執殳荷戈，效死疆場，亦所弗避。是臣之愛身，亦所以愛國也。（《再乞休致疏》）

其言可謂竭誠摯之忱而極哀婉之致矣。顧疏上終不報，慈聖太后並諭上曰：「張先生受先帝付託，豈忍言去？俟輔爾至三十，卻再審處，讓後人，非晚也。」公不獲已，乃不復言去。因是積勞致疾，至萬曆九年九月遂臥病。上頻頒敕諭問疾，大出金帛為醫藥資。公因上數遣中官趣召，乃力疾強起。至翌年（萬曆十年）二月公疾復作，四閱月不癒。上屢降手諭問安否，賜內府廚饌，並視醫藥。百官亦齋醮為祈禱。上命閣臣張四維等理閣中細務，大事即公家平章。及疾革，復一再上疏乞賜骸骨，俾生還鄉里，上終不允。是年夏六月二十日，此一代偉人乃終於盡瘁而死矣。訃聞，上震悼輟朝。遣司禮太監張誠監護喪事，賜賻甚厚。兩宮太后及中宮均賜金幣。賜祭十六壇。贈上柱國，謚文忠，歸葬江陵。

公既薨，張四維遂代為首輔。四維者，公所薦士也，方其初入直，恂恂若屬吏，不敢以僚自處。遼東初奏大捷，四維未與功賞，已自不慊於心。及遼東再捷，江陵適歸葬父，帝歸功於公，使使馳諭，俾定爵賞，公因即條列以聞。時次輔呂調陽已與四維等議定功級，而冒濫頗多。公以賞罰明當，乃足勸懲，乖謬如此，殊為可憾，乃就浮濫者悉追奪之。調陽內不自安，隨乞休去，四維因更啣恨於心，亟思報復。及繼公為政，又與公所薦引王篆、曾省吾等交惡，因更遷怒於公，欲得而中傷之於身後。適奸璫張誠構公於帝前，四維察帝眷公之意已移，遂亦從而下石。於是公歿後甫年餘，而奇禍作矣。據周聖楷所撰公本傳，公之身後慘禍，有如左述：

會公卒，上所幸璫張誠以保（馮保）與公交結專恣奏聞，上心動。其與四維善者泄之四維，遂嗾其門人極論保以嘗上，上謫保南京而籍其家。言事者窺望風旨，益務攻公為奇，並及其黨。於是奪上柱國太師，再奪謚，削其諸子官。御史羊可立者，追論公罪，因謂公以私構遼庶人憲㸅獄。庶人妃因訟獄，且曰：「庶人金寶萬計，盡入居正府矣。」

上心豔其事，以可立籍公家，乃命張誠及刑部右侍郎邱橓偕錦衣衛指揮給事往，並勘故構王憲㸅事。王憲㸅者，其父王𤅢，未立，而公之祖父為護衛卒。太妃聞公少警，且與王同歲，召而奇之。賜食，而坐王憲㸅於其下，且謂：「而不才，當為張生穿鼻。」王憲㸅以是慚而銜之。會公登第，召其祖虐之至死，而王淫酗，橫暴其國，遠近皆怨之，彈劾屢上，遂至削國，以幽死。所謂金寶者，仇語也。邱橓等籍其家，懼不中程，乃拘其諸子，備極榜笞。長子敬修自縊死，家人死者纍纍，而荊、楚之間騷然株及矣。獄成，命削公秩，奪前所賜璽書四代誥命，謫其子編修、嗣修戍。

又據《明鑑》（卷十）載稱：「時潞王婚禮所需珠寶未備，太后以為言。上曰：『辦此不難，年來廷臣無恥，盡獻張、馮二家耳』。自此內中張先生稱謂，絕以為諱；而籍沒之舉亦胎於此」。又云：「籍沒其家產，其產不及嚴嵩二十分之一。……上曰：『張居正誣衊親藩，箝制言官，蔽塞朕聰，專權亂政，罔上負恩，謀國不忠，本當斫棺戮屍。念效勞有年，姑免盡法』」《明史》本傳述其籍沒時之慘狀，謂：「守令先期錄人口，錮其門，子女多遁避空室中。比門啟，餓死者十餘輩。誠（張誠）等盡發其諸子兄弟藏，得黃金萬兩白金十餘萬兩。其長子禮部主事敬修不勝刑，自誣服寄三十萬金於省吾（曾省吾）、篆（王篆）及傳作舟等……」（江陵本傳）。而敬修所寫血書，至謂：「……其當事噂沓之形與吏卒咆哮之景，皆生平所未經受者，而況體關三木首戴幪巾乎？在敬修固不足惜，獨是屈坐先公以二百萬銀數；不知先公自歷官以來，清介之聲，傳播海內，不唯變產竭資不能完，即粉身碎骨亦難充者。……且慮會審之時，羅織鍛鍊，皆不可測，人非木石，豈能堪此？今幽囚倉室，風雨蕭條，青草鳴蛙，實助予之悲悼耳。故告之天地神明，決一瞑而萬世不愧……先公在朝有履滿之嫌，去位有憂國之慮，唯思顧命之重，以身殉國，不能先幾遠害，以至於斯。而其功罪與今日遼藩誣奏

第十章　江陵之柄政（下）

事，自有天下後世公論，在敬修不必辯。獨其虛坐本家之銀與三家之寄，皆非一時可了之案，則何敢欺天罔人以為脫禍求生之計？不得已而托之片楮，嚙指以明剖心。此帖送各位當道一目，勿謂敬修為匹夫小節，而甘為溝瀆之行也……」（見《全集．附錄二》）嗚呼，此真可謂極人世之慘變，有非天理人情所能衡度者矣！

顧吾有不能已於言者，以江陵之忠君愛國，卓著勛勞；以神宗對江陵之信任有加，敬禮備至；而乃於其身歿未幾，輕信宵小之讒間，妄借籍沒以斂財，徒以一念之貪，竟背君臣之義，涼薄至此，夫復奚言！特自江陵歿後，以神宗之貪黷不君，而又不復有忠誠骾直之臣如江陵者以匡翼之，繼公為政者復鑒於公之以忠直而被奇禍，遂盡反其所為，唯知以阿附取容。於是神宗遂獲師心自用，妄作威福，一意孤行，肆無忌憚，而礦稅之徵求苛擾，尤足以禍國而病民。究其極也，內則民變迭起，已兆闖、獻禍亂之機；外則滿族崛興，竟啟邦國顛危之漸；於是江陵畢生慘淡經營之中興事業，雖能暫收轉移時勢挽回末運之功，而終無補於明室鼎移之局。君子於此，未嘗不竊嘆神宗之貽禍宗邦，咎由自取，而深惜江陵之相業中絕，繼起無人也！

第十一章

江陵之政術（一）——概說

第十一章　江陵之政術（一）—— 概說

江陵丁明室由盛轉衰之會，承嘉、隆內憂外患之餘，其當前之任務，厥在轉移時勢，奠定邦基；而其唯一之政治主張，則系以儒者之立場，采法家之精粹，毅然以革舊維新為職志，而以綜核名實信賞必罰為旨歸。至其所以持此主張之理由，當以李氏岳瑞言之為最審。其言曰：

趙宋以來，儒學愈盛而群治癒衰，道德日昌而國勢日弱。一二豪傑之士，不為世運之所轉移，而特立獨行，放大光明於政法之歷史。若宋之王荊文公，若明之江陵張文忠公，其學術治術，大都以儒為表，以名法為裡。蓋未有專師荀、孟、程、朱之家法，而可達致君澤民之志者也。（見本書第四編《李衛公傳》）

唯其然也，故江陵不惜殫畢生之精力，以求其政治主張之實現；其於嘉靖時所上《陳時政疏》，及隆慶時所上《陳六事疏》，固已略發其凡；及其柄政以後，更復身體力行，始終弗懈。其任勞任怨生死不渝者以此；其甘冒重嫌備遭攻擊者亦以此。其生不見諒於愚昧之同儕，死復獲咎於昏庸之幼主者，固由於此；而其卓然超出於眾，自別於一般之純臣良相，巍然躋於中國以至世界大政治家之列，而能當之無愧者，更莫不繫於此。今試擷取集中發表政治主張之文字，次而錄之，以證吾說。

公有與李太僕漸庵《論治體書》，立言與上述兩疏相表裡，略云：

明興二百餘年矣，人樂於因循，事趨於苦窳。又近年以來習尚尤靡，至使是非毀譽，紛紛無所歸咎，牛驥以並駕而俱疲，工拙以混吹而莫辨，議論蜂興，實績罔效，所謂怠則張而相之之時也。況僕以草茅孤介，擁十齡幼主，立於天下臣民之上，國威未振，人有侮心。若不稍加淬勵，舉祖宗故事，以覺寤迷濛，針砭沉痼，則庶事日隳，奸宄窺間，後欲振之，不可得矣。故僕自受事以來，一切付之於大公，虛心鑒物，正己肅下。法所宜加，貴近不宥；才有可用，孤遠不遺。務在強公室，杜私門，省議論，核名實，以尊主庇民，率作興事。亦知繩墨不便於曲木，明鏡見憎於醜婦，然審時度勢，政固宜爾。……而庸眾喜於委徇，奸宄憚其精核。……乃知庸眾之人，難與論尋常之外。

此書要點凡三：就其施政之方針言之，則所謂「法所宜加，貴遲不宥；才有可用，孤遠不遺。務在強公室，杜私門，省議論，核名實，以尊主庇民，率作興事」也；就其施政之動機言之，則所謂「人樂於因循，事趨於苦窳，又近年以來習尚尤靡……議論蜂興，實績罔效，所謂怠則張而相之之時也」；至就其施政之反應言之，則所謂「庸眾喜於委徇，奸宄憚其精核」也。綜言之，公之施政，厥唯勵行法家綜核名實、信賞必罰之原則而已。

第十一章　江陵之政術（一）—— 概說

公之持此原則，因非出於偶然，而為勢所必至。公之言曰：

國勢強則動罔不吉，國勢弱則動罔不害。……是以君子為國，務強其根本，振其紀綱，厚集而拊循之，勿使有釁，脫有不虞，乘其微細，急撲滅之，雖厚費不惜，勿使滋蔓，蔓難圖矣。（見《全集．雜著》）

又曰：

天下之勢最患於成，成則未可以驟反。治之勢成，欲變而之亂難；亂之勢成，欲變而之治難。夫亂非一日之積也，上失其道，民散於下，貪吏虐政又從而驅迫之；於是不逞之徒乘間而起，堤防一決，雖有智者，無如之何矣。夫吏之被訐也，以虐政毒民，然茹其毒者恆不能訐吏，而訐吏者，皆武斷鄉曲素不畏官法者也。盜之起也，以迫於饑寒，然饑寒者不能為盜，而為盜者，皆探丸亡命喜亂好鬥者也。彼方含毒挾刃以鬥一時之釁，而為上者又以亂政驅之；借其怨憤無聊之心，以鼓其好亂不逞之氣，焱至火烈，一旦遂欲撲滅之，能乎？故識其幾而豫圖潛消之，上也；不幸而至於是，在上者有人引咎罪己，拯罷困之民，誅貪賊之吏，使天下之人，繫心於上而未睽離，則盜賊之勢孤而應之者少。……故勢之未成，中材可以保圖；勢之既成，智者不能措意。（見同上）

公於當時之亂勢，既認為由於貪吏之驅迫，則所以應付此趨勢以正本而清源者，厥在不得已而用威，以懲貪而安民。故曰：

治理之道莫要於安民。……當嘉靖中年，商賈在位，貨財上流，百姓嗷嗷，莫必其命。此時景象，曾有異於漢、唐之末世乎？……隆慶間，仕路稍清，民始帖席。而紀綱不振，弊習尚存，虛文日繁，實惠益寡。……僕每思今不必復有紛更，唯仰法我高皇帝懷保小民一念，用以對越上帝，奠安國本耳。故自受事以來，……鋤強戮凶，剔奸厘革，有不得已而用威者，唯欲以安民而已。奸人不便於己，猥言時政苛猛，以搖惑眾聽。……世儒達治者鮮，雖勉遵上令，而實未得於心。（《答福建巡撫耿楚侗言致理安民》）

彼其用威之理論的根據，則純粹本諸歷史之教訓。其言曰：

三代至秦，渾沌之再辟者也。其創製之法，至今守之以為利，史稱其得聖人之威。使始皇有賢子守其法而益振之，積至數十年，繼宗世族芟夷已盡，老師宿儒聞見悉去；民之復起者，皆改心易慮以聽上之令。即有劉、項百輩何能為哉？高皇帝以神武定天下，其治主於威強，前代繁文苛禮亂政弊習，剗削殆盡。其所芟除夷滅，秦法不嚴於此

矣，又渾沌之再辟者也。雖歷年二百有餘，累經大故，而海內人心晏然不搖，斯用威之效也。(見《全集．雜著》)

公之主張用威，其堅決有如此者。至其實施方法，則一面以威之名義寄於君上，俾增強其效力；一面以威之實權集於內閣，俾發揮其作用。其中經過情形已見前章，茲不復贅。特以當時之「庶事日隳，奸宄窺間」，而公乃臨之以威，強所勿欲，則反動之發生，自為當然之結果。顧用威一事，實為公施政所必需。政治上之循名責實，固有待於用威；軍事上之整軍經武，尤非用威莫辦；下至肅清反側，畫一陣容，更賴用威以資後盾。蓋當專制時代，欲求政令之必行，而臣民又未能如共和國民之養成服從美德，則與其高談仁義而鮮功，毋寧使之畏威而能收效也。夫用威之舉，既在所必行，則反動之生，公自亦在所不計。故公於《上徐文貞論大政書》中曾有如左之自白：

> 正自受事以來，晝作夜思，食不甘，寢不寐，以憂公家之事，四年於茲矣。中所措畫，要以尊主威、定國是、振紀綱、剔瑕蠹為務，有力排群議、明犯眾忌而不顧者，豈誠不知自愛而故以身為怨府哉?竊伏思之，語曰：「挈瓶之智，守不失器。」主上沖年，舉天下之重而委之於孱弱之身。今不務為秉公滅私，援廢起墮，而避流俗之非議，

以取悅一時，有如異日者主上明習國事，親攬庶政，或有廢缺而不修，淩替而不振者，必將曰：「吾以天下事付若，而今乃至此！」則正雖伏隴畝，填溝壑，有餘僇矣。故違眾之罪小，負國之罪大；一時之謗輕，異日之譴重也。臺諭謂人猶有不相體者，正亦且奈之何哉！唯自殫厥心而已。

「尊主威，定國是，振紀綱，剔瑕蠹……力排群議、明犯眾忌而不顧」，此公所以自矢而昭示於天下後世者。公之毅然而出此，非任意為之也，蓋公固深信其具有必然之功效也。然則其功效果何如耶？公曰：

諸葛孔明云：「法行而後知恩。」今人不達於治理，動以姑息疏縱為德，及罹於辟，然後從而罪之，是罔民也。僕秉政之初，人亦有以為嚴急少恩者。然今數年之間，吏斤斤奉法循職，庶務修舉，賢者得以效其功能，不肖者亦免於罪戾，不蹈刑辟，其所成就者幾何？安全者幾何？故曰：小仁，大仁之賊也。子產鑄刑書，制田里，政尚威猛，而孔子稱之曰：「惠人也！」然則聖賢之意，斷可識矣。（《答閩撫龐惺庵書》）

又曰：

夫富者怨之府，利者禍之胎。而人所以能守其富而眾莫之敢攘者，恃有朝廷之法故耳。彼不以法自檢，乃怙其富勢而放利以斂怨，則人亦將不畏公法而挾怨以逞忿。是人也，在治世則王法之所不宥，在亂世則大盜之所先窺，烏能長有其富乎？今能奉公守法，出其百一之畜，以完積年之逋，使追呼之吏絕跡於門巷，馴良之稱見旌於官府。由是秉禮以持其勢，循法以守其富，雖有金粟如山，莫之敢窺，終身乘堅策肥，澤流苗裔。其為利也，不亦厚乎！……夫嬰兒不剃首則腹痛，不搊痤則寖疾；而慈母之於愛子，必剃且搊之者，忍於其所小苦，而成其所大快也。僕竊以彼中於執法之吏，當屍而祝之，而又何謗議為哉？（《答應天巡撫胡雅齋言嚴治為善愛》）

公之以小仁為大仁之賊，以嚴治為善愛，即其所認為法治之功效。凡持法家功利之說者，其結論大抵如此；而公所恃以應付當時之亂勢者，其綽然而有餘裕，固已彰彰明矣。雖然，公以儒者而行法治，固已自殫厥心，不避非議，第其所取立場，唯在援法入儒，絕非欲自棄其原有儒者之傳統的地位。故其論學，仍一以尊孔為旨歸，不過以法家之精神灌注於原有之儒術，使成為法治化之儒術而已。故其言曰：

孔子周行不遇，其持論立言，亦各隨根器，循循善誘，固未嘗專揭一語如近時所謂話頭者，概施之也。告魯哀公，曰「政在節財」；齊景公，曰「君臣父子」，在衛，曰正名；在楚，曰近悅遠來。亦未嘗獨揭一語，不度其勢之所宜者而強聒之也。究觀其經綸大略，則唯憲章文武，志服東周，以生今反古為戒，以為下不倍為準。老不行其道，猶取魯史以存周禮，故曰：吾「志在《春秋》」。其志何志也？志在從周而已。《春秋》所載，皆《周官》之典也。「夫孔子殷人也，豈不欲行殷禮哉？《周官》之法，豈盡度越前代而不可易者哉？生周之世，為周之臣，不敢倍也。……今世談學者，皆言遵孔氏，乃不務孔氏之所以治世立教者，而甘蹈於反古之罪，是尚謂能學孔矣乎？（《答南司成屠平石論為學書》）

以當世所謂儒者之崇尚「反古」（復古），而公乃引孔子之言，以反古為有罪，是則與法家重法今之旨相符合矣。至其以孔子為例，以明攻儒者之罪，而陰持法家之說，則又吾所謂「援法入儒」，李氏岳瑞所謂「以儒為表，以名法為裡」者也。顧公之持此立場，猶不止於對反古之一事，其於王霸之辨，亦復同以一立場出之。其言曰：

憶昔僕初入政府，欲舉行一二事。吳旺湖與人言曰：「吾輩謂張公柄用，當行帝王之道，今觀其議論，不過富國強兵而已，殊使人失望！」僕聞而笑曰：「旺湖過譽我矣。吾安能使國富兵強哉？孔子論政，開口便說足食足兵；舜命十二牧，曰食哉唯時；周公立政，其克詰爾戎兵；何嘗不欲國之富且強哉？後世學術不明，高談無實。剽竊仁義，謂之王道；才涉富強，便雲霸術。不知王霸之辨，義利之間，在心不在跡。奚必仁義之為王，富強之為霸也。」（《答福建巡撫耿楚侗言王霸之辨》）

慨自子輿氏創為「以德行仁者王，以力假仁者霸」之說，後之儒者，不明其為矯正當時諸侯攘竊攻取之弊，不得已而有此偏激之言，遂致奉為一成不變之圭臬，務為仁義之迂談，悉屏富強而不顧。充其弊之所極，坐令廟堂之上，借虛惠以粉飾昇平，樽俎之間，務退讓而侈誇美德；甚且武功不振，則謂為政尚無為，外患憑陵，則視為潢池小寇；至言及富國足民之術，更復視為末務聞聲卻走，一若食貨之資，可以坐談而致。我國之民貧國弱，積久而莫或挽回，寢假而變本加厲者，孰非呫嗶小儒有以屍其咎哉？江陵揭舉孔聖足食足兵之旨，義正詞嚴，足令小儒咋舌，其闡揚聖教之功，良非淺鮮，固非僅援法入儒已也。至其所以任法以力求富強者，則又在適應當時之時勢，期以富強防患於未萌，故其言曰：

財不足則爭，信不足則偽。爭與偽，大奸之所資也。何以守險？曰人。何以聚人？曰財。財贍而禮義生，即有大姦盜，莫之敢乘。昔者孔子之論政，曰：「足食足兵，而民信之。」非甚不得已，不敢去一。故善為天下慮者，毋使至於不得已也。夫欲先事弭患，息民固土，唯在拊循愛養哉！唯在拊循愛養哉！（《荊門州題名記》）

此種見解，純係寓仁義於富強之中，幾於融王霸於一爐，故謂為援法入儒也可，即謂為混儒法而一之也，亦無不可。

公之政治主張，大略具見於此，唯公固一躬行實踐之大政治家，而非徒沾沾於空泛政論之宣傳。其關於政術之文字，要以右舉諸篇較有系統，其他一鱗半爪，散見於集中者，殆多就事立言，未足取資參證。加以謗留身後，史有闕文，所有公生平政績，已多無從考見。今茲所述，缺漏自所難免。所可得而言者，即公之實際的政治設施容多未經著錄，但凡公之坐而言者，固莫不起而行也。

第十二章

江陵之政術（二）——吏治與用人

第十二章　江陵之政術（二）——吏治與用人

世之論者，於人治法治兩途每持極端之論調，誤以其為絕不相容：持人治主義者，輒以法治易流於刻薄寡恩之弊；持法治主義者，又以人治難免於舞文弄法之譏。實則二者固系相輔而成，未可或有偏廢。蓋以人治之利在於富有彈性，每足以濟法治之窮；法治之長則在公正無私，更足以補人治之短。而況良法莫由自舉，唯恃人之善於推行，始獲倍彰其效；良吏非必天生，唯賴法之善於將持，始克敬恭厥職。孟子所謂「徒善不足以為政，徒法不能以自行」者此也。江陵深明斯旨，故其為政雖一本法治之精神，而於吏治與用人固亦斤斤致意。其綜核名實、信賞必罰之政治主張，於此因亦獲得具體之表現。關於此點，《行實》曾有如左之記述：

太師……自登仕籍，伉厲守高，不植黨與。既入政府，調劑宇內，遂杜絕私門，戒閽者無敢通一刺，為人造請。已諸公咸亮其特介，不為私謁……百司庶府，罣於吏議者，即不撓法回芘，終能自效，尋復振之。襟度汪夷，不憙苛察，不以一眚掩大節，有人指摘細過，置而不問；獨於人勞勩記存不忘，推獎恐後。諸司建白，唯良是采；若窾言無當，雖文弗錄。士一見其姓名，即得其材指高下；他日遇事，握銓者或難其人，必指某某優為之，卒能其官，如所鑒不謬。……先皇帝時，專務資格，人莫得竟其才，官職至秏亂也。今上詔行久，一簡眾職，尊禮公卿大臣。郡國守相有治行異等者，皆進於廷陛，上親慰勞之，賜璽書金綺羊酒。六曹尚書郎積有功能，得拜卿寺，不得更相除調。外臣有所調選，悉就近其地，察繁簡通塞，並用三途。督府部使者，論薦所部吏，與簡臺諫，皆以四分之一待孝廉明經茂才，有舉不及格者罰。小吏如楊果、趙騰蛟等得為令長行。……　暴官墨吏，下所司論罪，悉盡本法。然禁誹謗，理詿誤，許所繫治吏得執奏；設舉刺失實，或有異同，必令推詳；其或有賞罰疑誤者，許覲吏得廷辨之。以故凡在有位，感激懷奮，皆抱功修職，不肯謁告，不以趨走逢上，其已得除書及以使事修覲入賀行者不宿於家。各務教養實政，不肯取辦簿書期會。眾賢輻輳，仕路廓清，即虞廷師師，周士濟濟，不是過矣。

公之吏治用人，大體具見於此。茲再擇其有關吏治用人之文字，次而錄之，以見公之以人治佐法治者，其努力為何如也。

公生平泛論吏治用人之文字，不可勝數，茲摘錄數節於左：

竊唯治理之道莫要於安民。《書》曰：「民唯邦本，本固邦寧。」民安邦固，即有水旱盜賊敵國外侮之虞，而人心愛戴乎上，無土崩瓦解之勢，則久安長治之術也。然欲

安民，又必加意於牧民之官。（《請擇有司以安民生疏》）

致理之要，莫急於安民生。安民之要，唯在於核吏治。前代令主，欲興道致治，未有不加意於此者。（《請定面獎廉能儀註疏》）

安民之要，在於知人；辨論官材，必考其索。（《進職官書屏疏》）

竊聞致理之要，在於安民，欲民之安，責在守令。…… 故今振舉綱維，精核吏治，章之以雷電，懸之以象魏，要在嗇其物，去其鯁，使上澤得以下究，下隱得以上通而已。（《答山東撫院李漸庵言吏治河漕》）

為國之法似理身：元氣欲固，神氣欲揚。廣中患不在盜賊，而患吏治之不清，紀綱之不振，故元氣日耗，神氣日索。數年之前，論者謂朝廷已無廣中矣。自公一振之，而傾者安，黠者戮，炎州以寧。豈易地易民哉？元氣漸固，神氣始暢耳。今…… 僕日斤斤焉以振紀綱察吏治安民生為事。願公持而行之，毋渝其初心，毋畏於群議，則元元之幸也。（《與殷石汀論吏治》）

近來吏治頗為清肅，唯司牧者不以民事為急，崇尚虛文，計日待遷，終鮮實效。夫均徭、賦役、里甲、驛遞，乃有司第一議，余皆非其所急也。四事舉則百姓安，百姓

安則邦本固，外侮可無患矣。唯公留意焉！（《答保定巡撫孫立亭》）

廣中數年多盜，非民之好亂，本於吏治不清，貪官為害耳。夫官貪則良民不懷，奸民不畏，而盜賊利足以啖之，威足以懾之，何憚而不為盜？（《答兩廣殷石汀》）

吾觀今之為治者，而知吏之難也。夫吏之難，非治民之難也，事人之難也；非得下之難也，悅上之難也。夫事使之數不同，而人之材力有限。譬以什計也：閒僻之地，事簡而慮優，吏之材力五在上而五在下，其半猶及民也，稍繁，則逮下者什三而已；又繁，則逮下者什一而已。為人上者，可以愛憎喜怒殿最之，則雖有倜儻卓犖之士，必不能以什一者事上，而以什九者逮下。何則？勢所趨便也。（《贈荊門守黃君升開封貳守序》）

人之所以畏吏而必欲賂之者，非祈其作福，蓋畏其作禍也。（《雜著》）

夫吏也者，所以治民者也，所以「使上澤得以下究，下隱得以上通」，以固其元氣暢其神氣者也；今乃一反其所應為，對下則賄賂公行，對上則趨承恐後，至使良民不懷，奸民不畏，甚且挺身為盜，搖動國基，孰令致之，至於此極？此江陵所以不得不亟亟焉以整飭吏治為治國安民之要道也。公之整飭吏治，就其一般的原則言之，固不外乎本法家嚴正之精神，以綜核名實、信賞必罰為要務；至就其具體的方法言之，則其致力以實施者，約有六端，今試分述如次：

一曰明職守 在昔專制時代，為君上者類多猜忌性成，防閒心切。其於設置官職，或則權責不分，借使互相牽制；或則名實不符，竟令位同虛設。此其作用固在謀集權於君主，免太阿之倒持。無如事權既屬不明，責任即難確定，馴致趨利避害，諉責爭權，怠玩者固多尸位素餐，跋扈者更易越權生事。即以明制而論，在中央則內閣雖司相職而權不集中，致閣部之糾紛時起；在各省則撫按既屬同僚而責可互諉，致有司之督導無方，積弊相沿，吏治遂不堪究詰矣。江陵有見及此，故於柄政以後，對中央則力求提高相權，使政權集於內閣，閣權集於首輔，而以六部隸諸內閣，俾收指臂相助之功，其經過情形已具見前述；至其對於各省則務在畫清撫按之職掌，而嚴令分工合作，以負督導有司之責，公自述其主張云：

撫按職掌不同，政體亦異。振舉維賢，察舉奸弊，摘發幽隱，繩糾貪殘，如疾風迅雷，一過而不留者，巡按之職也。措處錢糧，調停賦役，整飭武備，撫安軍民，如高山大河，奠潤一方而無壅者，巡撫之職也。近來撫按諸君不思各舉其職，每致混雜，下司觀望，不知所守，以故實惠不流。至於直指使者往往舍其本職而侵越巡撫之事，違道以干譽，徇情以養交，此大謬也。因憶嘉靖間有周如鬥者，巡按蘇松，信豪宦之言，博流俗之譽，將應徵錢糧概行停免；士民悅之，為建生祠，奏留再歷，遂超陟蘇松巡撫。及為巡撫，則錢糧征發，百責攸萃，不復能行其寬貸之政，將以前免停逋賦復行征派；於是士民怨之，毀其生祠，刊布謗書。向之稱頌德美者，轉而為怨怼忿恨矣。何則？驩虞之術易窮，眾庶之欲難厭也。況此中人情叵測，眾庶難調，唯一以大公至正行之，庶得無咎無譽耳。（《答蘇松巡按曾公士楚言撫按職掌不同》）

此明示撫按之職掌各有不同，而使其無相侵越或推諉也。然公之意固不僅在畫清其職掌，而在使其分別督導有司，故曰：

夫有司官卑，豈敢與大官相抗？所賴以行法振弊者，全在撫按耳。撫按官狃於故常，牽於私意，而責有司以奉法令，抗大官，勢不能也。朝廷欲法之行，唯責之撫按，不責之有司。異日倘有犯者，或別有所聞，則抗命之罪，必當有歸。（《答總憲李漸庵言驛遞條編任怨》）

以我國幅員之廣，各省區域之大，中央之政令縱極嚴明，亦難免鞭長莫及，計唯責成撫按督導有司以奉行法令，庶幾綱舉目張，令行政肅，在版圖遼闊之國家，非如此固不足以使其法令推行全國，而收風行草偃之功也。

夫中央既有集中政權之首輔以平章政令，各省復有職守分明之撫按以督導有司，權責既各有攸歸，事功乃計程可待。凡一政令之行，朝廷以責之內閣，內閣以責之六部，六部以責之撫按，其下則閣部責之在朝之臣工，撫按責之該管之僚佐，系統既有條不紊，自無怪百僚之奉令唯謹，政治風氣且因之而日趨嚴肅也。

二曰慎甄選　自來治國之要，首在得人。雖有賢君良相，勢難事必躬親，而必有待於慎選賢才，以資佐理。江陵用人之術，於《陳六事疏》中已可略見梗概。其言曰：

用舍進退一以功實為準，毋徒炫於虛名，毋盡拘於資格，毋搖之以毀譽，毋雜之以愛憎，毋以一事概其生平，毋以一眚掩其大節。

公於賢才之甄選，其矜慎公正有如此者。此外關於引用人才之言論尚多，茲摘錄數條於左：

夫人才難知，知人固未易也。不谷平日無他長，唯不以毀譽為用舍。其所拔識，或出於杯酒談笑，或望其豐神意態，或平生未識一面，徒察其行事而得之，皆虛心獨鑒，匪借人言。故有已躋通顯而其人終身不知者。如公所言，成冀援於眾力，借譽於先容，若而人者，焉足以得國士，而士亦孰肯為之用哉？（《答藩伯賀澹庵言得國士》）

天生一世之才，自足一世之用。顧持衡者每雜之以私意，持之以偏見，遂致品流混雜，措置違宜，乃委咎云乏才，誤矣！僕之淺薄，雖不足以與知人，然一念為國之公，實無所作。故自當事以來，諄諄以此意告於銓曹，無問是誰親故鄉黨，無計從來所作眚過，但能辦國家事，有禮於君者，即舉而錄之。（《答冏卿李漸庵論用人才》）

所薦諸賢，皆一時之俊，處吾夾袋中，寧止朝夕；雖未免各有所短，然取其所長，皆為國器。若諸公能不恃其長，刮磨微纇，致其瑩美，則希世之寶矣。（《答總憲張崌崍言用人》）

右舉各條，泛論用人，足與《陳六事疏》所言相表裡。至其衡論人才，則務以質實為歸，同時慎別其誠偽，以免為所矇蔽。公之言曰：

學之利用也誠難哉！三代亡論已。先漢人才瑰瑋卓犖，彬彬鮮與為儷。後世諸儒，或謂不學無術，或謂適道之難，且猶慊然少之。假令今膚言潤論之士，誠得際會操柄，共所與發建樹，視彼何如？大都任本質者誠以達材，騖空言者辨而無當；此其大較不可

明見耶？（《贈羅唯德擢守寧國敘》）

此言人才貴質實也。又曰：

今吳中製器者競為古拙，其耗費財力，類三年而成楮葉者，是以拙為巧也。今之仕者，以上之惡虛文責實效，又鶩為拙直任事之狀，以為善宦之資，是以忠為詐也。嗚呼！以巧為巧，其弊猶可救也；以拙為巧，其弊不可救也。以詐為詐，其術猶可窺也；以忠為詐，其術不可窺也。（《雜著》）

此言為忠為詐者宜慎防也。公不嫌反覆叮嚀以出之，可知誠篤質實者之不易得矣。

三曰專責成　專責成者，謂用人當假以事權，勤予指導，俾能展其所長，補其所短；而尤貴在信而任之，庶幾事無掣肘，功可期成，馭下之方殆不外是矣。公於甄選人才既備致矜慎，而於其登庸以後，即推心置腹，信任唯專。其《陳六事疏》所謂「欲用一人，須慎之於始，務求相應；既得其人，則信而任之，如魏文侯之用樂羊，雖謗書盈篋，而終不為之動」者，意即在此。公持此主張以用當世諸賢，如「蜀則曾省吾，閩則殷正茂，兩粵則凌雲翼，河道則潘季馴，薊遼各鎮，則張學顏、王崇古、梁夢龍、譚綸輩」（見《全集》附錄二沈鯉張文忠公論》），皆以專任一方而勛業爛然。《明史》所謂「居正喜建樹，能以智數馭下，人多樂為之盡力」者，實未足為定論，蓋江陵之所以得人，純係專責成篤信任有以致之，固非恃其「智數」以牢籠天下士也。公於所用諸人信任之篤，責成之專，指導之勤，每於其所致書牘中見之，茲略舉一二以示例證：

先後奉手教，皆有釘封，捧讀數回，不勝於邑。竊謂古人居官，有解組棄印，浩然求去。咸以不獲知於主，志不得行；或其主雖知之，而為當時執政者所排忌；或有碩畫妙算，而當事者不為之主持，使其忠謀不售；則其去宜矣。僕自去歲曾面奏主上曰：今南北督撫諸臣，皆臣所選用，能為國家盡忠任事者，主上宜加信任，勿聽浮言苛求，使不得展布。主上深以為然，且獎諭云：先生公忠為國，用人豈有不當者？故自公當事以來，一切許以便宜從事，雖毀言日至，而屬任日堅。然僕所以敢冒嫌違眾而不顧者，亦恃主上之見信耳。主上信僕，故亦信公。則公今之求去者，為不獲於上乎，為不合於執政乎？二者無之，而獨以浮忌之口，即欲引去；是忍於背君相之知，而重於犯庸眾之口也。願公勿復以為言。（《答殷石汀言宜終功名答知遇》）

廣事之壞已非一日。今欲振之，必寬文法假便宜乃可。近來議者紛紛然。朝廷既以閫外托公，任公自擇，便宜行之，期於地方安寧而已。雖彈章盈公車，終不為搖也。

（《答殷石汀》）

治河之役，朝廷以付託於公者甚重。……承示恐流言之搖惑，慮任事之致怨。古人臨事而懼，公今肩巨任事，安得不為兢兢？若夫流議怨謗，則願公勿慮焉。孤淺劣無他腸，唯一念任賢保善之心，則有植諸性而不可渝者。若誠賢者也，誠志於國家者也，必多方引薦，始終保全，雖因此冒嫌蒙謗，亦無悶焉。……子產曰：「政如農功，日夜以思之，思其始而圖其終，行無越思，如農人之有畔。」願公固審熟慮，集思廣益，計定而後發，發必期成。至於力排眾議，居中握算，則孤之責也。（《答河道司空吳自湖言任用的人任事》）

四曰重久任　今日泰西各國於所謂事務官，類皆予以服務之保障，非有違法瀆職情事，絕不隨意更動，借資熟練，甚且有終身任職之規定者，其於司法官行之尤嚴。蓋以歷任既久，則消極方面固可使安於其位，無復五日京兆之心；積極方面更可使忠於所司，俾睹三年有成之效。意美法良，莫逾於此。江陵既注重吏治用人，於久任之利自早經見及。《陳六事疏》謂：「官不久任，事不責成，更調太繁，遷轉太驟，……如此則真才實能之士何由得進，而百官有司之職何由得舉哉？」所言可謂深中時弊。故公於一切官吏皆重久任，尤於守令為然，其言曰：

在京各衙門佐貳官，須量其才氣之所宜者授之，平居則使之講究職業，贊佐長官；如長官有缺，即以佐貳代之，不必另索。其屬官有諳練故事盡心官守者，九年任滿，亦照吏部升授京職，高者即轉本衙門堂上官。小九卿堂官品級相同者，不必更相調用。各處巡撫官果於地方相宜久者，或就彼加秩，不必又遷他省。布按二司官，如參議久者，即可升參政，僉事久者，即可升副使，不必互轉數易，以滋勞擾。（《陳六事疏》）

君子之政，任必久而後洽，功必久而後成。漢時守令，便於民者，輒賜璽書褒美，稍增其秩，不數易之，故世之言吏治者稱兩漢。然余不敢遠引異代，即如國初，守令久者至十餘年；而何文淵、劉德皆用太守積勞，擢拜九卿，重任而責成，故良吏輩出，治亦近古。（《贈袁太守入覲奏績序》）

如右所述，守令既以久任而輿情日洽，百官亦以久任而歷練日深，再加以責成必專，信任必篤，如此則人以感激而樂於為用，事以熟練而易於觀成。江陵柄政以還，吏治之精明卓絕，夫豈偶然也哉？

五曰嚴考察 責專任久，固可使人盡其才，事盡其功；然以中國之大，內而中央，外而各省，庶政既繁，百官尤眾，勢難使人無不賢，事無不舉。於此而欲甄別人之勤惰賢愚，判明事之廢興因革，借為進退黜陟之準繩，而生提高效能之作用，則考察尚已。考明自洪武以來，早有定期考察京內外臣工之成法。據《明史．選舉志》載稱：

考滿、考察二者相輔而行。考滿論一身所歷之俸，其目有三：曰稱職，曰平常，曰不稱職，為上中下三等。考察通天下內外官計之，其目有八：曰貪，曰酷，曰浮躁，曰不及，曰老，曰病，曰罷，曰不謹。考滿之法：三年給由曰初考，六年曰再考，九年曰通考，依職掌事例考核升降。諸部寺所屬，初止署職，必考滿始實授。外官率遞考以待核。雜考或一二年，或三年。郡縣之繁簡或不相當，則互換其官，謂之調繁調簡。……考察之法：京官六年，以巳、亥之歲，四品以上，自陳以取上裁，五品以下，分別致仕降調閒住為民者有差，具冊奏請，謂之京察。自弘治時，定外官三年一朝覲，以辰、戌、丑、未歲……察典隨之，謂之外察。州縣以月計上之府；府上下其考，以歲計上之布政司；至三歲，撫按通核其屬事狀，造冊具報，麗以八法而處分，察例有四，與京官同。明初行之，相沿不廢，謂之大計，計處者不復敘用，定為永制。（《明史》卷七十一《選舉志》三）

似此規定，以與現代科學性的考成方法相較，雖猶遠遜其正確；然果使嚴格執行，亦未始不足為綜核名實之一助。所惜歷時既久，類多視同具文，敷衍將事，一暴十寒，張弛靡定，吏治之壞，此其一端矣。江陵初登樞府，即以厲行考察為首務，蓋非徒實施其法治之主張，亦以應付當時之局勢。結果卒使既墜之朝綱，因之而一振。由斯可知苟能執法以繩，則法縱未盡臻妥善，固猶愈於無法也。自後公遂按期舉行京察外察，以為綜核名實之依據。至其考察方法，則視定製尤為嚴厲。公於萬曆四年七月所上《請擇有司以安民生疏》，曾述其所擬之方法如次：

明春又當外官考察之期……伏望特敕吏部，令其預先虛心訪核各有司官賢否，唯以安靜宜民者為最，其沿襲舊套虛文矯飾者，雖浮譽素隆，亦列下等。撫按以此核屬官之賢否，吏部以此別撫按之品流，朝廷以此觀吏部之藻鑒。若撫按官不能悉心甄別，而以舊套了事，則撫按官為不稱職矣，吏部宜秉公汰黜之；吏部不能悉心精核，而以舊套了事，則吏部為不稱職矣，朝廷宜秉公更置之。庶有司不敢以虛偽蒙上，而實惠旁敷，元元之大幸也……

此法以逐級考核為體，以負責連坐為用，可謂精密已極。顧公仍恐百僚樂於苟安，難免不盡不實，又實施隨事考成以補其不足。關於隨事考成之方法，公於《陳六事疏》「重詔令」一節已略加陳述，後於《請稽核章奏隨事考成以修實政疏》中，又為詳細之規畫，略如左述：

請自今伊始，申明舊章，凡六部都察院遇各章奏，或題奉明旨，或覆奉欽依，轉行各該衙門，俱先酌量道理遠近，事情緩急，立定程期，置立文簿存照，每月終註銷，除通行章奏不必查考者，照常開具手本外，其有轉行覆勘、提問議處、催督查核等項，另造文冊二本，各注緊關略節及原立程限，一本送科註銷，一本送內閣查考。該科照冊內前件逐一附簿候查，下月陸續完銷，通行注簿。每於上下半年繳本，類查簿內事件有無違限未銷，如有停閣稽遲，即開列具題。候旨下各衙門詰問，責令對狀。次年春夏季終繳本，仍通查上年未完，如有規避重情，指實參奏；秋冬二季亦照此行。又明年仍復挨查，必俟完銷乃已。若各該撫按官奏行事理有稽遲延閣者，該部舉之；各部院註銷文冊有容隱欺蔽者，科臣舉之；六科繳本具奏有容隱欺蔽者，臣等舉之。如此月有考，歲有稽，不唯使聲可中實，事可責成；而參驗綜核之法嚴，即建言立法者亦將慮其終之罔效，而不敢不慎其始矣。致理之要，無逾於此。

此種隨事考成之法，注重平時效率，以視定期考察之歷時久而始見成效者，自屬更進一步。顧公猶以為未足，則以奏報倘與事實不符，其易被察覺者無論矣，萬一竟為所欺蔽，將恃何術以發其奸而糾其失乎？於此公又採用探訪誥誡之法以資補救。公於京內外重要事件，輒設法詳為探訪，隨時聽取情報，一旦發覺奏報不實或隱匿不報，輕則予以私函之誥誡，重則施以朝旨之申斥，務使其不敢稍存欺罔。試舉《答應天巡撫孫小溪言捕盜》一書以為例證：

承俯詢奏報賊情事，謂別處不報，而獨責之江南，似以朝廷為多事煩苛者，是未細繹前旨也。夫奏之與報，事體不同，奏謂奏聞朝廷，報謂申報上司，詳前旨雲。撫按嚴督兵備等官整飭武備，時常體訪，如有盜賊生發，務要即時從實申報，重大者奏聞，寬限設法緝捕。夫謂如有盜發即時申報，則不問城內外皆當申報上司矣；謂重大者奏聞，則非重大者雖城內亦不必奏聞矣。然盜發雖有遠近，賊情雖有大小，撫按皆當一體嚴督有司設法緝捕者，此旨意也。昨鎮江之事，朝廷原未責其不奏，但惡其不報，及報不以實耳。賀氏之賊發於去秋，而今歲三月間撫按始知之，是曾申報否乎？南都已獲蔡朋，行該府緝捕夥盜，而該府不認，以為烏有，是曾失事否乎？範良呂、袁漳等家被盜，皆以未嘗失財為解，乃其贓固獲於浙中也，其所報實乎否也？江南以隱匿盜情為常事，數年之間，一發於揚州，再發於太平，今三發於鎮江，至使失主被傷而不敢承，大盜公行而莫之問，則法紀蕩然矣，別處曾有是乎？朝廷以四方之耳目為耳目。今地方官扶同欺罔，撫按耳目已盡為所塗；乃朝廷別有所聞，一行詰究，遂以為多事，為煩苛，是欲使欺隱之弊馴至如秦、元之末季而後已也。承問，敢直陳其愚，幸唯鑒原！

似此厲行嚴格考察，既以定期考察核其實，又以隨事考成責其效，復以採訪誥誡戒其欺，三者備而綜核名實之功畢矣。公之為此，固非以察察為明，要在整飭紀綱，責求功效，以提高行政之機能而已。但以因循怠玩之臣僚當之，自難免因其督責過嚴而心懷怨望。而素以寬大自命之所謂儒者，對之尤深感不滿。如萬曆八年刑部侍郎劉一儒上書江陵，即可見若輩心理之一斑。其書云：

竊聞論治功者貴精明，論治體者尚渾厚。自明公輔政，立省成之典，復久任之規，申考憲之條，嚴遲限之罰，大小臣工鰓鰓奉職，治功能精明矣。愚所過慮者，政嚴則苛，法密則擾。今綜核既詳，弊端剔盡，而督責復急，人情不堪，非所以培元氣而養敦厚之體也。昔皋陶以寬簡贊帝舜，姬公以敦大告成王，淪洽當代，矩矱後世，願明公法

之。（見《明史紀事本末》江陵柄政節）

夫公之所尚者事功，所重者效率，公之異於一般儒臣者在此，公之卓然成為大政治家者亦系於此。公既自有其獨到之政見，則於此等渾厚之說，寧肯降心相從耶？宜其雖身為怨府而終毅然不顧也。

六曰明賞罰 既經嚴格考察以後，對於臣工之功過已有明確之認識，自須繼之以公平而嚴峻之賞罰，始足以完成真正的法治主義之使命。公於此力本法家之嚴正的精神，一以信賞必罰為原則。其所著重之點凡三：曰公平，曰嚴峻，曰不重資格而重勞績。其言曰：

慎重名器，愛惜爵賞，用人必考其終，授任必求其當。有功於國家，即千金之賞，通侯之印，亦不宜吝；無功國家，雖嚬笑之微，敝褲之賤，亦勿輕予。（《陳六事疏》）

法所當加，雖貴近不宥；事有所枉，雖疏賤必申（《與李太僕漸庵論治體書》）。

韓信驅市人而用之，卒以成功，賞罰明信，任當其才也。（《答耿楚侗》）

人之才具亦不甚相遠，唯賞罰明而信任篤，則人皆可使也。（《答福建巡撫耿楚侗》）

此其主張法貴公平之說也。又曰：

但導民以行不以言。《孫子》云：「約束不明，申令不熟，將之過也；約束已明，中令已熟，而士不用命，則士之過也，殺之無赦。」故能使婦人女子皆赴湯火冒白刃而不避。今治吏亦然，科條既布，以身先之；有不如令者，姑令之申之，申令已熟，則不問官職崇卑，出身資格，一體懲之，必罪無赦。如是，即欲令之為吏者，皆龔、黃、卓、魯可也。若徒以言語教詔之，雖口破唇焦，畢竟何益。（《答四川巡撫張濾濱》）

舊染頹俗，久難驟變。彼頑梗玩肆之人，以為法雖如是，未必行也。今量處數人，以示大信於天下，庶幾有所憚而不敢犯乎！（《答順天張巡撫》）

古之賢聖，所遇之時不同，而處之之道亦異。易大過棟撓，《象》曰：剛過乎中。當大過之時，為大過之事，未免有剛過之病。然不如是不足以扶傾而安國，棟撓而本末弱矣。……僕以一豎儒，擁十餘齡幼主而立於天下臣民之上，威德未建，人有玩心。況自隆慶以來，議論滋多，國是靡定，紀綱倒植，名實混淆。自僕當事，始布大公，彰大信，修明祖宗法度，開眾正之路，杜群枉之門，一切以尊主庇民、振舉頹廢為務，天下始知有君也。而疾之者，乃倡為異說，欲以抑損主威，搖亂朝政，故不得不重處一二人，以定國是，以一人心。蓋所謂剛過乎中，處大過之時者也。（《答奉常陸五臺論治體用剛》）

此其主張法貴嚴峻之說也。又曰：

不擇難易而受任者，人臣之分也；均節勞逸而效功者，勸臣之道也。余竊見今用守令與遷轉之法，不重地之難易，事之繁簡，一以資格為斷。太守治郡有效，滿歲稱職，才得拜一級為按察使副。即有卓絕異等，殫精畢力，亦不得驀常格。而優遊簡僻，縱無他長，亦得積日累歲，擢升是官。如是勞逸無等也，即人心何勸？方今吏治頹靡，民俗疲瘵，意者且將少變今法，以重擇守令而後可耶？夫欲重守令，則必顯能治劇難有勞苦功多者，以風天下。（《贈袁太守入覲奏績序又一首》）

此其主張法宜不重資格而重勞績之說也。公對於賞罰所持之主張大致如此。其見諸行事者，如萬曆五年慈聖太后以神宗大婚期近，諭令停刑，而公以「若棄有德而不用，釋有罪而不誅，則刑賞失中，慘舒異用」，堅持不可，即其例證也。

綜上六端，蓋即公法治精神之所繫。亦即公整飭吏治之所歸。公之所以能振廢起墮，撥亂反正，蔚為一代之大政治家者，非幸也，彼固有以致之也。善夫王氏振先之言曰：

吾國歷史數千年間，其足以稱大政治家者，未有不具法治之精神也。…… 古來崇法治者，於春秋得二人焉，曰齊管仲，曰鄭子產；於戰國得一人焉，曰秦公孫鞅；於漢季得一人焉，曰蜀諸葛亮；於晉得一人焉，曰前秦王猛；於宋得一人焉，曰王安石；於明得一人焉，曰張居正。之數子者，皆身當危局，排眾議，出明斷，持之以剛健之精神，納民於公正之軌物，卒能易弱為強、易貧為富，措一國於泰山之安。果操何道以致此乎？曰唯真知法治故。（見王振先著《中國古代法理學．附錄．古來崇法治者之功效》）

又曰：

大凡法治之效，在於信賞必罰，綜核名實，舉一國之朝野上下，無不受成於法之中，故能立儒廉頑，蒸成郅治。江陵有然，即管、商、鄭僑、諸葛、二王諸賢，無不本此以善其治也。（見同上）

明乎此義，則於江陵之政術思過半矣。

第十三章

江陵之政術（三）——將略與兵略

第十三章　江陵之政術（三）—— 將略與兵略

江陵以一儒者而掌握政權，軍事自非所素習；然生當亂世，內憂外患交迫而來，欲圖安內攘外之功，固非整軍經武莫辦。當時名將如李成梁、戚繼光、俞大猷輩，雖亦久歷戎行，熟諳軍事；然究皆戰將之材，第足資衝鋒陷陣之用而已。至若攻守之方略，進退之機宜，自仍有待於中樞之指示。而公以最高統帥之資，擅沛公將將之術；其於諸將，所以重用勤教而嚴核之者，規模一如其在行政上之於僚佐者然，而整齊嚴肅，且猶過之。《行實》曾有如左之記述：

往者將權不重，功罪賞罰不核，又或苛細使人不得展布。凡有罪當詰問，輒以武弁當之。人視將士易與，將士亦以此自輕，不復振耳。今上審定廟謨，假督府一切便宜，不數易置，時時出璽書金綺相勞。有壯猷宿望已數破虜者即賜召還，不欲盡竭其力，每三年遣重臣出巡邊計成功。大將軍進退予奪皆取自上意。下至偏裨，亦皆假重事權為之。罷監軍使者，令文吏毋得摧沮。又賜將士養廉田，出帑金數十萬勞軍。謂建議者與受事者多意見不侔，往往詔建議者即經略其事。大將軍有衝陷折關能多立奇功者，不愛通侯之賞。每敕邊吏乘時修戰守，持重安詳，示虜閒暇，毋得張皇調遣，徒罷勞士卒。又親理營兵，罷班軍輸作，令所在有老幼當赴代者，悉罷勿遣。其所審畫禁兵入衛兵、薊兵、南兵、浙兵、福兵、忠順軍、山東民兵、狼兵、苗兵、所在標兵、水兵，動悉機宜。以故將士感泣，皆引弓備戰，無不願居前，得一當匈奴先死。

此其所述，於公贊襄戎政之方固已略陳梗概，而尤以林潞所論最為扼要。其言曰：

江陵匪直相也，而直以相將將。故南北守禦，百粵滇蜀，必付託得人。將帥能效力者，量其才，專其責，湔其瑕，勵其志，鼓之以爵祿，假之以事權，凜之以三尺，破之以疑畏，責之以實效。數萬甲兵藏於胸，而指揮乎數千里之外，虛懷諮詢，削牘星馳，嘗有數什伯相君，貫乎將士之心而戴乎將士之首。戰勝攻取，代為奏稿，當以某事咨稟；功成凱至，又諭以朝意，當以某辭入告，某策善後。勇怯強弱，進退疾徐，洞若觀火。邊吏奏記政府，命之親書以毋泄機宜，又必命其書銜，擇其重大窾要者，一一陳說於天子之前，而使至尊識其勞苦，知其姓名。故能縛大憝殲群醜以奠安中夏者垂十年。至江陵歿，而享其餘威以固吾圉者又二十年。此江陵所為舉相職也。（見《全集》附錄二林潞《江陵救時之相論》）

試就所論略加分析，則所謂「量其才，專其責，……假之以事權」者，即所以重用之也；所謂「湔其瑕，勵其志……破之以疑畏……虛懷諮詢，削牘星馳……代為奏稿；……諭以朝意」者，即所以勸教之也；所謂「鼓之以爵祿；……凜之以三尺；……責之以實效」者，即所以嚴核之也。夫最高統帥之於諸將，假之以重用之恩，結之以勸教之惠，而復董之以嚴核之威，剛柔並濟，賞罰嚴明，則為諸將者，有不畏威懷德，感懼交縈，公忠體國，死生效命者乎？公本此以馭諸將，固無怪「將士感泣，皆引弓備戰，無不願居前，得一當匈奴先死」，而終獲「縛大憝殲群醜以奠安中夏」也。

公文集中關於對將領重用勸教嚴核之文字，為數至夥。茲特略舉一二，以覘公將略之一斑。

關於重用者，公之言曰：

用兵之道，全在將得其人。前承教謂劉顯足辦此事，昨科中用閩事論之，鄙意以蜀征方始，不宜輒易大將，而司馬又不敢獨當，故咨之於公也。若其人果可用，不妨特疏留之立功贖罪；如不可用，則當別授能者。公宜以此意明示劉顯，俾鼓舞奮勵。如玩寇無功，必將前罪並論誅之，不敢庇也。（《與蜀撫曾確庵計剿都蠻之始》）

僕何私於戚（繼光）哉？獨以此輩國之爪牙，不少優假，無以得其死力。今西北諸將如趙、馬（按係指大同總兵趙岢及宣府總兵馬芳）輩，僕亦曲意厚撫之，凡皆以為國

家耳。（《與薊遼督撫》）

為國任事之臣，僕視之如子弟，既獎率之，又寶愛之，唯恐傷也。（《答總督張心齋計戰守邊將》）

僕與馬、趙素不識面。異時當國者之家奴，率與邊將結拜，鮮不受其啖者。自僕任事以來，內外隔絕，幸門盡墐。朝房接受公謁，門巷閒可張羅，亦無敢以間語譖言入於僕之耳者。又何所私庇於人？即此兩人之狡猾無狀，僕豈不知？第以其俱嘍啫宿將，部下又多獷悍，代者未必能馭。即有瘢纇，猶可驅策而用之。貢市羈虜，本難久恃，猝有緩急，無可使者。故不得已曲為保全，徒以為國家耳。（《答薊鎮巡撫言優假將官》）

其所言關於重用將領者，大旨如此。至就實際觀察，則公於當時名將，無論是否躬自援引，幾無不加以重用。如兵部重權則以專任譚綸，薊遼邊務則以專任梁夢龍，遼東一委之李成梁而主攻，薊門一委之戚繼光而主守，宣大則先後委之王崇古、方逢時，而以外主通貢內修戰守為對策，職責各有專司，絕不輕易更動，殆其尤著者也。

關於勤教者，公於當時諸將，莫不示以機宜，授以方略。其致各將領之書牘，在其全部書牘中，幾占三分之一。擇其尤要者，略述如次：

戚帥不知近日舉動何如？折節以下士夫，省文以期實效，坦懷以合睽貳，正己以振威棱，乃渠今日最切務也。相見幸一勉之！（《與薊遼督撫》）

願足下自處務從謙抑，凡事關利害，宜直披情愫虛心商榷而行，勿定執己見，勿心口異同，與人爭體面，講閒氣。南北軍情務須調適；法行一概勿得偏重。凡浮蠹冗食之人悉宜除汰，畜之無用，徒招物議。（《答薊鎮總兵戚南塘計邊事》）

辱示以破虜為己任，具見許國之忠。但古之論戰者，亦不全恃甲兵精銳，尤貴將士輯和。和則一可當百；不和，雖有眾弗能用也。……軍情乖離，人自為心，鼓之而弗進，禁之而弗止，雖有嚴刑峻法，將安所施？……時時查軍情向背，布大公，昭大信，毋信讒言，毋徇私情，毋以喜行賞，毋以怒用罰。部署諸將，宜令食多而養厚者當先，毋令失職，怨望者當劇處。虛心受善，慎毋偏聽，察軍中如有隱郁，亟與宣達。平日號令如有未妥，不妨改圖。士卒毋分南北，一體煦育而拊循之，與最下者同甘苦，務使指臂相使，萬眾一心，知愛護主將如衛頭目。則不待兩軍相遇，而決勝之機在我矣。（《答總兵戚南塘授擊土蠻之策》）

為將者亦不專取勇敢。撫綏士卒，繕甲治兵，必廉而愛人者乃能得士心，備緩急。

若徒以其剝下媚人，諂諛鑽刺，猥雲有才，緩急寧足賴乎？（《答薊遼總督張崌崍》）

大將貴能勇能怯，見可知難，乃可以建大功。勉之慎之！（《答總督張心齋計戰守邊將》）

此其對於將領本身修養方面之指示也。

夷情唯論強弱，不循理法。其勢不足以統馭，雖仇讎亦將甘心俯首而歸戴焉。不然，雖以顏、閔之賢，彼不服也。（《答雲南巡撫》）

制虜之道，唯當視吾備之修否。服則懷之，叛則御之。得其好言不足喜，得其惡言不足怒（《答甘肅巡撫侯掖川》）。

外示羈縻，內修戰守，使虜為我制，不可受制於虜。（《答宣大巡撫計處黃把二虜》）

大抵虜情不能保其無變。今中國之人，親父子兄弟相約也，猶不能保其不負，況夷狄乎？在我兢兢自治，常若待敵：小小變動，勿遂驚惶勞擾，但當耐煩處之，隨機應之，期令無大失而已。（《答薊撫》）

虜中無主，方畏我之閉關拒絕，而敢有他變？但爭干爭印，必有一番擾亂。在我唯當沉機處靜，以俟其自定。有來控者，悉撫以好語，使人人皆以孟嘗君為親己；然

後視其勝者，因而與之。不宜強為主持，致滋仇怨也。（《答大同巡撫賈春宇計俺酋死言邊事》）

願公戒勵諸將，但並堡堅守，勿輕與戰。即彼示弱見短，亦勿乘之。多行間諜以疑其心，或遣精騎出他道搗其巢穴，使之野無所掠。不出十日，勢將自遁，固不必以斬獲為功也。（《再答王鑒川策俺答》）

守堂奧者，必於門外據險扼要，乃為得策。（《答兩廣劉凝齋條經略海寇四事》）

築臺守險，可以遠哨望，運矢石，勢有建瓴之便，士無露宿之虞。以逸待勞，為不可勝，乃策之最得者。（《答總督譚二華論任事籌邊》）

自古未有千里襲人，越險無繼，而能成功者。（《答陝西督撫石毅庵》）

用奇之道，疾如脫兔，若歲以為常，又舉一鎮之人，趲前顧後，接踵而移，此漕舟挨幫之規，非兵家握奇之算也。（《答薊鎮巡撫楊晴川》）

斥候嚴明，偵探的實，知賊嚮往，乃可出他道用奇以制之耳。（《答薊遼總督方金湖》）

以賊攻賊，策之最妙者。萬里之外，事難遙度，用兵之機，忌從中制，唯公熟計而

審圖之。（《答兩廣殷石汀》）

此其對於戰守方略方面之指示也。既示之以本身修養之方，復告之以攻守應付之術，公於勤教一端，誠可謂無微不至；而公自身修養及兵略之造詣何如，蓋亦從可知矣。

關於嚴核者。公於將領曾屢申誥誡，如：

一二年來，言者率雲責實責實矣，而又不明賞罰以勵之，則人孰肯冒死犯難為國家用哉？（《與薊鎮巡撫》）

天下事豈有不從實幹而能有濟者哉？昨閣中小疏已曾懇切言之，自此積習或當少變。國家欲興起事功，非有重賞必罰，終不可振。來歲擬遣大臣閱視，大行賞罰。如猶玩愒難振，則僕自請如先朝故事，杖鉞巡邊。（《答總憲凌洋山言邊地種樹設險》）

賞罰功罪，須至公至平，人心乃服；人心服而後可責其用命也。（《答薊遼總督》）

此其所言，蓋公畢生精神之所寄，其於行政官吏之主張如是，其於軍中將領之主張亦無不如是也。再就史實證之，如邊功不許敘及閣臣，一也。薊鎮以賊不入犯為功，而不責戚繼光以進戰，二也。李成梁以著名宿將而殺降冒功，及公廉得其實，即追奪其恩賞，三也。其他例證尚多，在公亦第行其「綜核名實信賞必罰」之主張而已。

公於當時諸名將，其馭之之道如此，宜其能得諸將之死力而大有造於邦家也。《明史》於公雖多微詞，然其於譚、戚諸將之傳贊中，推論駕馭之方，對公亦稱揚倍至。其言曰：

譚綸、王崇古諸人受任嚴疆，練達兵備，可與余子俊、秦紘先後比跡。考其時，蓋張居正當國，究心於軍謀邊瑣，書疏往復，洞矚機宜，委任責成，使得展布。是以各盡其才，事克有濟。觀於此而居正之功不可泯也。（《明史》譚綸、王崇古等傳贊）

戚繼光用兵，威名震寰宇。然當張居正、譚綸任國事則成，厥後張鼎思、張希皋居言路則廢。任將之道，亦可知矣。（《明史》俞大猷、戚繼光等傳）

觀乎此，則公之善於將將，不且與諸葛武侯、曾左諸公奕代接武，後先輝映乎哉！

今當陳述公之兵略矣。公之兵略，就基本原則言之，在於自治圖強，《陳六事疏》所謂「今之上策，莫如自治，而其機要所在，唯在皇上赫然奮發，先定聖志」者是也。（參閱《陳六事疏》「飭武備」節，見本編第七章引）至其詳細方略，則對於內亂，主剿撫兼施；對於邊防，薊鎮主守，薊鎮以西之宣大方面主和，薊鎮以東之遼東方面主戰。

蓋以當時之局勢而論，邊防之重要固遠出於內亂之上；而內顧國勢，外審敵情，其或和或戰或守，殆有不得不然者在，初非率意而行之也。故欲明江陵之兵略，必先察當時邊防之情況。

明代邊禍，除倭寇常在東南沿海一帶肆擾外，其在北部沿邊出沒為患者，在江陵時代以前，為韃靼及瓦剌兩部，而在江陵之當時，則為俺答與土蠻兩部。韃靼為蒙古族，故元之裔也。元亡而其主順帝遁出塞，居開平；子愛猷識理達臘復移保和林。太祖屢遣將擊之，元裔勢雖殺，而其眾猶存。後韃靼汗本雅失里及其丞相阿魯臺先後為瓦剌部馬哈木及其子脫懽所殺，而韃靼始衰，瓦剌遂起而代之。脫懽子也先尤桀驁自雄，屢擾明邊。英宗誤信太監王振之言，親征也先，遂有「土木之變」，也先擁帝北去。及景帝立，遙尊英宗為太上皇，也先無可挾持，且見中國兵強城池固，意大沮，乃送上皇歸。未幾，也先為阿剌知院所攻殺，瓦剌遂不復振。而韃靼之後麻兒可兒及馬古可兒吉思先後自號小王子，時出沒為寇。世宗時，小王子徙居河套，控弦十餘萬，多富貨貝，稍厭兵，乃徙幕東方，稱上蠻。其諸部落之在西北邊者，有吉囊、俺答諸部，而以俺答雄黠喜兵為最強。嘉靖二十九年，俺答大舉入寇，由古北口從間道潰牆入，掠懷柔，圍順義，抵通州，分兵四掠，京畿震動。而當時諸將如咸寧侯仇鸞等皆恇懦不敢戰，竟任其焚掠三日而夜引去。即史所稱「庚戌之變」者是也。方其薄都城時，縱所擄馬房內官楊增持書入城求貢，輔臣徐階等謂當以計款之，復因其遣子脫脫陳款，遂開市大同、延寧。時叛人蕭芹、呂明鎮者，數以罪亡入敵，挾白蓮教，與其黨趙全、邱富、周原、喬源諸人導俺答為患，帝惡之，詔罷馬市。自是俺答日掠寇西邊，幾無寧歲。土蠻亦數寇遼東，嗣蕭芹等以其術不驗，為俺答所囚，趙全在敵中益用事。隆慶元年，俺答陷石州。當石州失守時，趙全竟勸俺答據雲中、上谷，東封居庸，南塞雁門，獨以一面西制晉、代，謂為五霸之伐。（以上摘錄《明史》韃靼傳及瓦剌傳。《明史紀事本末》卷六十與此略同）使俺答果用其計，則其為禍之烈，必猶遠過劉淵之於晉，而五胡亂華之禍，勢且為歷史之重演。明以怠惰積弱之餘，當此強敵。使非江陵權利害之輕重，明敵勢之強弱，對強敵如俺答者，力主封貢言和，俾集中國力，以抗戰較弱之土蠻，則以當時之國勢言之，其不蹈西晉、北宋之覆轍也幾希。吾恐明之覆亡，將不待滿清之入關，而中國此後之歷史，必且迥異其觀矣。然則江陵於宣大方面主和者，避俺答之鋒而使其就範於我也；於遼東方面主戰者，知土蠻之弱而冀其受制於我也；於薊鎮方面主守者，防俺答與土蠻之合力謀我，欲借堅壁清野以分化其勢也。知己知彼，避實就虛，江陵之兵略，誠可謂動中竅要明察幾微者矣！雖然，江陵之兵略，固非師心自雄以出之也，更非矯揉造作以出之也：彼其所以出此者，特亦以局勢之演變，適足以使其成因勢乘便之功耳，其舉措固皆出之以自然也。局勢之演變若何？則把漢那吉來降之事是已。《行實》記那吉來降及俺答封貢之經過甚詳，姑錄之以證吾說：

會俺答奪其孫把漢那吉所聘婦予襖兒都司。那吉怒，以為俺答善淫，無卑尊禮。乃與其妻比吉、奶公阿力等十人，馬三十匹，息山西平虜城外，扣關而入。督府少司馬蒲坂王公（崇古）、御史中丞嘉魚方公（金湖）上狀。朝議紛紛。皆以為不宜納叛人，徒啟釁；或雲殺之。太師獨勸上納那吉降，授以官職，厚給賜飲食衣服器具，置大同城中。俺答聞那吉亡，大驚，發萬人臨平虜城來索。廷臣恇懼，咸謂宜與之。太師獨不許。令諸將堅壁清野勿與戰。故令那吉衣其所賜緋衣金帶誇示虜使，而使諜者以好語款虜曰：「爾能縛我叛人趙全等獻，盟誓於天，約以數年一騎毋穿我塞，乃得歸而孫耳。」時有謂虜久不去，老師費財，欲乘老酋得孫急，而因與為市者。王公（崇古）以為不可。太師報書王公曰：「公言良是，和戎自有體。彼即欲得孫，謂宜先縛致全等境上、盡屏往來遊騎，請命幕府，我乃然後禮那吉而歸之耳。乃今擁萬騎平虜城外，欲坐索而孫，何可謂誠款乎？設有吐蕃劫盟之事，謂朝廷何？夫全等至狡獪矣，彼豈能坐待縛若雞犬乎？假令語泄，彼得以為謀，或聊以脅從數人欺誤朝廷，而我仍輕棄重質，非細故矣，此不可不慮也。且那吉歸而老酋幸奉約束，無他腸，吾即假爵封王通貢市，無不可矣。有如虜諸所言，特空紿幕府，殊無意稱臣，又或多所請乞，明年又復寇邊，捐國家威重，則雖得全等數十百輩，何為乎？願公熟計之！」於是王公遣鮑崇德一再詣虜營，曉以利害。俺答仰天笑曰：「吾何愛數十人頭，不以易吾孫」？乃夜襲板升，得趙全等九人，縛致境上。上用太師計，厚禮那吉遣歸。俺答感泣，遂奉表請稱臣內屬，通貢市，歲歲勿絕。時大司寇案全等反狀悉具，上令禮官為文，祠告郊廟，戮之東市，支解以徇。傳其首於邊，既厭快眾憤矣。上嘉太師殊勛，⋯⋯而詔集朝臣詣闕下，議封貢可否。一時眾議藉藉，有謂便者，有謂不便者。太師復以書抵王公曰：「今之議者，皆謂和戎示弱，馬市啟釁。此殆不然。僕獨以為有五利焉。邊鄙不聳，稽人成功，一也；我得以其間修戰守之具，蓄士卒養馬，歲無援兵，可省行糧數十百萬，二也；俺答既臣屬，土蠻吉能（吉囊之長子）不敢輕動，三也；趙全等既禽，即板升十萬之眾可馴而致也，四也；虜驕天亡，其兆已見，老酋死，其族必分，即不死，必有冒頓、呼韓之變，我得乘其敗而坐困之，五也。」王公得書，嘆息曰：「張公可謂知社稷大計矣！」然論者發言盈庭，猶欲伺釁而動。太師不得已，乃詣文華殿，舉成祖封和寧、太平、賢義三王故事告上（按：成祖曾封瓦剌部酋馬哈木為順寧王，太平為賢義王，把禿孛羅為安樂王，見《明史．瓦剌傳》，封號與此略異）。上意遂決，許通貢市。隆慶五年辛未，俺答遣使奉表稱臣，貢名馬三十匹。上御建極殿受之，使太史奉金冊封俺答為順義王，其弟子若孫，部落六十五人，各授官賜金帛有差。俺答大喜，告中國使者曰：「全等雖誅，趙宗山（按：亦中國亡命無賴之降虜者）猶在。此屬不滅亡，終敗和約。」王公以聞，詔捕讞獄如趙全等刑。已而套虜（按：指吉能）亦願修貢天皇帝，請得市易中國財物，如宣大例。上報可，賜吉能都督同知，余受秩者凡四十有九人，並賜衣帛。於是中國以段布皮物，市易虜馬，虜亦利漢財物，貿易不絕。東自四海始，西盡甘州，延袤五千餘里，無烽火警，行人不持弓矢；近疆水陸屯田，悉墾治如內地；墩臺哨望之卒漸已撤去。所省餉歲不下數十萬石；北地精銳所易馬至數十萬匹。蓋居庸以西，天子無所復事事，得以一意備東虜（按：指土蠻）矣。

（按）周聖楷所撰公本傳與此略同。又《明紀》卷三十八亦載俺答封貢事，唯於江陵策畫之功則絕未提及；《明史》及《明史紀事本末》則以全功歸之王崇古，（見《明史．韃靼傳》、《明史紀事本末》卷六十）僅江陵本傳謂「拱（高拱）主封俺答，居正亦贊之，授王崇古等以方略」而已，其述江陵之功，顯有未盡也。

江陵當時邊疆局勢之演變，既有如上述，公之邊防兵略，即在利用此演變之局勢，以因勢而利導之。彼其或攻或守，或和或戰，指揮若定而算無遺策，有如林潞所謂「數萬甲兵藏於胸，而指揮乎數千里之外」者，非意之也，明乎敵我之勢，相機而後動也。

關於公之將略及兵略，右僅擇其尤要者述之。至若促殷正茂以大舉，而嶺東悍盜藍一清等遂望風授首；授凌雲翼以方略，而嶺西諸傜復一鼓掃平；不以閩事罪劉顯，而西南夷都蠻竟賴以撲滅；則公第出其餘緒以肅清反側而已，初非其兵略要旨之所在也。唯公以一彬彬儒者，而能運籌帷幄，決勝千里，殆非僅天賦過人，實其生平留心邊務，嫻習戎情，有以致之。謂為「救時之相」，允足當之而無愧矣。

第十四章

江陵之政術（四）——理財政策

第十四章　江陵之政術（四）—— 理財政策

江陵非以理財名家，其視荊公之創法設官，積極以發展國家經濟為務者，固自微有不逮；然其理財政策，唯在「蘇國民之困而增其富，乃就其富取贏焉，以為國家政費」（見本書第五編《王荊公傳》），則適與荊公不謀而合。公屢誡神宗以節用愛人，並諫止營造，爭停織造，請蠲逋賦，其詳已見前述（見本編第九章），其意固非止望神宗以堯、舜之君，而實欲以蘇國民之困也。蓋「百姓不足，君孰與足」？聖訓昭垂，顛撲不破，理財之道，舍此安適？故公之理財政策，除以節用愛民之道時時進諫外，尤致意於國計之開源節流，與夫民生之安居樂業。其事跡之垂於簡策，歷歷可考者，約有左列諸端：

一曰嚴清丈也。萬曆七年十一月公奏準詔度民田，謂：「高皇帝（太祖）時天下土田八百五十萬頃。至弘治十五年已減二十七萬。歲久滋偽，弊孔百出，有所謂飛詭者，影射者，養號者，掛虛者，過都者，受獻者。久久相沿，豪民有田無糧，窮民攤派受病矣。民窮逃亡，勢又不得不請減額，而國課日以益虧。」（見周聖楷所撰公本傳）職是之故，公乃疏「請料田，凡莊田、屯田、民田、職田、蕩地、牧地皆就疆理，無有隱奸，貧民不至獨困，豪民不能兼併。又民間新所墾治，皆賦其貢稅，以新賦均舊額，則國初故額不失而民賦以輕。其撓法者皆下明詔切責」。自是豪強無從兼併，貧民生計少蘇。此與荊公詩所謂「三代子百姓，公私無異財。人主擅操柄，如天持斗魁。賦予皆自我，兼併乃奸回。奸回法有誅，勢亦無由來」者，庶幾近似，雖未克如荊公青苗均輸市易諸法之積極圖功，要亦不失為富國裕民之道也。

一日度河工也。萬曆七年二月河工成，公力薦潘季馴治河之功也。「先是淮安故有水患，然或所及僅一二縣道邑，揚固無恙也。至嘉靖中，河決崔鎮、呂泗、沖龍窩、周營等處，往往奪淮流入海。淮勢不敵，則或決高家堰，或決黃浦，或決八淺，淮、揚諸郡，悉為巨浸。河高出民屋上，敗壞城郭、田廬、塚墓以萬數；瀕河十郡治堤歲費且萬萬。及其大決，所殘無算。」（《行實》）公深以為憂。「河漕尚書吳桂芳議復老黃河故道，而總河都御史傅希摯欲塞決口，束水歸漕，二人議不合。」（《明史．潘季馴傳》）「上以問執政。公因言故河道御史潘季馴可使，乃（於六年夏）降璽書，即其家拜都御史。」（周聖楷所撰公本傳）季馴前曾兩度總理河道，綽有經驗，既受命再起，「以（黃河）故道久湮，雖浚復，其深廣必不能如今河。議築崔鎮以塞決口，築遙堤以防潰決。又淮清河濁，淮弱河強，河水一斗，沙居其六，伏秋則居其八，非極湍急，必至停滯。當借淮之清以刷河之濁，築高堰束淮入清口以敵河之強，使二水並流，則海口自浚。即桂芳所問草灣，亦可不復修治。遂條上六事，詔如議。」（《明史》馴本傳）上用公言，「一切假以便宜，久任責成。出帑藏及留所折科漕粟八十餘萬金，不問潘公出入。又令諸臣得條上所見，治其諸方命不及事事者，下詔獄鞫治之。於是當事者人人惴恐，建官舍河上，胼胝沾塗，日夜焦勞。蓋踰年而告成事，為土堤若干，石堤若干，塞決口若干，建減水閘若干，計費不過五十餘萬，省羨金二十四萬以歸水衡，今徐、淮之間，延袤八百餘里，兩堤相望，蜿蟺綿亙，殆如長山夾峙，而河流其中。且黃河以歸仁堤，勢不得南決，其勢既不能及陵寢（按指鳳、泗一帶明室祖墓所在），又高家堰既塞，淮不能奔黃浦，皆盡趨清口，會黃河由安東雲梯關入海。田廬皆盡已出，數十年棄地，轉為耕桑。而河上萬艘，得捷於灌輸，入大司農矣。」（《行實》）季馴又以「舊黃河自嘉靖中北徙，河道既淺，遷徙不常，曹、單、豐、沛常苦昏墊，上疏請復故河」（《明史》季馴本傳），惜為眾議所格，議未果行。然自此徐、淮之間，河不為患。雖以未遑治本，致河患與明室相終始（參考《明史・河渠志》二），然受命原在治標，縱大利未溥，而局部之功則已昭垂不朽，是則季馴之勛為不可沒。而以江陵之知人善任，水利卒因之而敷暢，漕運更賴之而流通，拯饑溺之民而登諸衽席，其有造於國計民生者實至深且巨，固非徒充裕國課，為理財之要端已也。

一曰興水利也。公於水利一端特加重視。除整頓黃河工程以消極的滅除民害而外，復著力於蘇、松一帶河流之疏濬及整理，以積極增進人民之福利。故於萬曆四年因巡撫都御史宋儀望請於松江設水利僉事，以裨國計，遂從部議遣御史董之。六年復從林應訓、胡執禮等議，浚吳淞江、長橋、黃浦。八年應訓又言蘇、松諸郡干河支港凡數百，大則泄水入海，次則通湖達江，小則引流灌田。今吳淞江、白茆塘、秀州塘、蒲匯塘、孟瀆河、舜河、青暘港俱已告成，支河數十，宜悉開濬。遂用儀望前議，「特設蘇松水利副使，以許應逵領之。乃浚黃浦八十餘里，築塘九十餘處，開新河百二十三道，浚內河百三十九道，築上海李家洪、老鴉嘴海岸十八里。發帑金二十萬，應逵以其半訖工」（參考《明史．河渠志》六）。自是東南河港縱橫交錯，水利富饒甲天下。皆公倡導之力也。

一曰重糧政也。明初賦役之法，仍沿唐楊炎兩稅法之舊。洎世宗時，因邊供費緊，加以土木禱祀，月無虛日，遂致帑藏匱竭，司農仰屋興嗟。而是時東南以倭寇時時侵擾，多額外提編，以充軍餉。所謂提編者，即系加派之名。「其法以銀力差排編十甲，如一甲足，則提下甲補之，故謂之提編。」其後倭患雖平，而提編之額不能減。至神宗繼位，增額既仍如故，又多無藝之征，於是逋糧愈多，規避益巧。公之請蠲逋賦，固在導上以節用愛民之道，實亦以逋欠既多，民力勢難清繳，與其年年帶徵而徒滋拖欠，孰若舉舊欠而悉於蠲免，庶使民得以全力繳納見年應徵之數。如此則一方面民力可以稍寬，而同時國庫亦可略增收入，此公所謂「足國裕民，一舉而兩得」者也。（參考《請擇有司蠲逋賦以安民生疏》及《明史．食貨志》二）同時，自嘉靖以來數行數止之「一條鞭法」，復於萬曆九年頒行天下，永著為令，民力更賴以少紓。「一條鞭法者，總括一州縣之賦役，量地計丁，丁糧畢輸於官。一歲之役，官為僉募。力差則計其工食之費，量為增減；銀差則計其交納之費，加以增耗。凡額辦派辦京庫歲需，與存留供億諸費，以及土貢方物，悉並為一條。皆計畝征銀，折辦於官，故謂之一條鞭。」（《明史．食貨志》二）此法既行，其他科擾乃一掃而空，其嘉惠小民，良非淺鮮也。雖然，公之理財政策，固非僅以愛民為務，而忽於國庫之收入也，其所加惠於民者，仍在「蘇國民之困而增其富，乃就其富取贏焉，以為國家政費」已耳。逋賦既悉加蠲免，一條鞭法復立予頒行，民困既已稍蘇矣，則於其見年應繳之計畝收征銀數，絕不再少有寬假，而督飭有司嚴行催征。並即以催科之成績，定為有司考成之標準，視其催科之緩急與贏絀，而賞罰隨之。其間雖以有司貪功畏禍，不無奉行過急，勒繳過嚴，致不免有擾民之舉。然當農業經濟之時代，國庫大宗之收入，厥唯田賦是賴，為防止偷漏以維帑藏起見，催科自有不得不特別從嚴之必要。要之公立法原意，本非在擾民；有司奉行之不善，固不能因以苛責其嚴令催科之不當也。史又謂公「以歲賦逾春發，水橫溢，非決則涸，乃采漕臣議，督艘卒，以孟冬月兌運，及歲初畢發，少罹水患，行之久，太倉粟充盈，可支十年。」(《明史》江陵本傳）然則公之抑私以奉公，裕民以富國，厥功偉矣！

右所稱述，於公之理財政策已可略見一斑。此外尚有一事，雖非直接與理財相關，然以其影響所及足以富國裕民，自亦可認為公理財政策之副產品，則嚴查驛遞是已。在昔交通不便時代，舉凡奉公差遣之官吏，下及傳遞公文之隸役，均由地方官驗牌按驛護送，供應伕馬舟車，俾資趲程前進。此其初意，原在便利公務，借免貽誤。乃其流弊所趨，幾至任何官吏及其親屬均可假公濟私，乘驛來去，此其騷擾地方，浪費公帑，不問可知。及公柄政，遂嚴令限制，切實稽查。於是小而地方吏民，大而國家財用，公私咸蒙其利，適與公裕民富國之旨相吻合。至於交通賴以增其便利，公務賴以免於耽延，更無論矣。要而言之，公之理財政策無他，唯以節用愛民視為君上利用厚生之道，休養生息儲為人民應役納稅之資，俾使國計民生交受其益而已。以與《大學》所謂生眾食寡為疾用舒之旨相衡，不且殊途而同歸哉！嗚呼，敻乎尚已！

第十五章

江陵之政術（五）——教育政策

第十五章　江陵之政術（五）——教育政策

善乎湘鄉曾氏（國藩）之言曰：「風俗之厚薄奚自乎？自乎一二人心之所向而已」。有明世風之委靡不振，至於嘉、隆之際而極矣。江陵基於法家嚴整振作之精神，深致慨於玩愒虛浮之世道，期以轉移學風為基礎，進而挽救疲玩之民風。誠以士為四民之首，在社會上居於領導之地位，舉凡士之語言舉措，與夫心之所向，皆足以影響社會之觀瞻，形成一時之風尚。公之以轉移學風為挽回世道之首務者，殆亦擒賊必先擒王之意也。會值隆慶五年辛未會試，公以大學士吏部尚書奉命典試，因獲乘此時機，懸崇實黜浮之鵠的，以拔取實用之真才。是以其自述選士之經過也，曰：

> 合兩畿諸省前後所貢士四千三百餘人，如故事三試之。戒諸執事，咸既乃心。試題必明白正大，無或離析章句以為奇異，無或避忌趨好以長諛佞。掄文必崇尚雅正，無或眩華遺實以滋浮靡；有能綜覽古今直寫胸臆者，雖質弗棄，非是者，雖工弗錄。蓋閱二旬而告竣，…… 取四百人 ……（《辛未會試錄序》）

其托為君上之言而自述其選士之宗旨也，曰：

> 一切務剽剝枝蔓，以崇本實。…… 言不蘄工，期盡誠款；行不蘄卓，取補實用。側席寤寐，唯欲得忠信誠悫直諒不欺之士而任之。（同上）

其舉以勖其所取士也，一則曰：

其尚一乃心，端乃志，毋作偽以亂真，毋矜名以示異，毋竊言而不中其實，毋詭故而不近人情；寧拙而遲，毋巧而速，寧有瑕而為玉，毋似玉而為石；忠信質直，以事其上。若是，斯可以為帝臣，而無負於今日之舉矣。(同上)

再則曰：

古瑰偉奇特之士，樹鴻業於當時，垂鴻稱於後世者，豈獨其才之過人哉？蓋尤系於養矣。養有深淺，則才有純駁；才有純駁，則其建立有巨細。才得於天者也；養繇於人者也。才欲恢欲宏欲奇欲俊；養欲微欲深欲精欲奧。兩者若相反焉。然微深精奧者，所以為恢宏奇俊也。故古之善養才者，不恃其得天之異，而勉其修己之純。……煉之至精而斂之至密；韜之至深而蓄之至厚。夫然後其神凝，其氣專，發之不可御，索之不可窮矣。…… 夫人非無才之患，有才而善用之為難。…… 必也其大禹乎！鑿龍門，排伊闕，別九州，宅四隩，績固偉矣，然且不矜不伐，而莫與爭功，愚夫愚婦，而凜若勝予，彼視地平天成，於吾身何有輕重也。其周公乎！除兇殘，驅虎豹，立綱紀，陳禮樂，功莫大焉，然且吐哺握髮，下白屋之士，不驕不吝，履赤舄之安；彼視勝殷遏劉，於吾心何有加損也。其孔子乎！學殫累世，而不以智聞，力抉門關，而不以勇聞，在鄉黨而恂恂，居朝廷而唯謹，固儼然儒者也；及其卻萊兵，反鄆讙，墮三都，誅正卯，即慷慨奇節之士，決眦奮臂，極力而不能辦者，乃不動聲色，徐引而振之，既振，油然而退，無矜容，無盛氣，此豈世之君子所可與量尺寸哉？蓋此三聖人者，受之於天，既皆得夫渾淪磅礴之氣，修之於己，又皆懋夫沉潛純粹之學，其所基者密而宥，而所蓄者完而固也；故能決大疑，排大難，建大功，立大節，紓徐委蛇，而不見其作為之跡。嗟夫，非天下之至聖，其孰能與於此哉？……然則世之君子，受天地特厚之才，而有志於三聖人之事者，顧可不慎所養乎？養之之道，無慾其本也，慎動其要也。析義窮理，沉幾察微，瑩乎若夜光之內朗，洞乎若止水之獨鑒，所以養智也。抑其強陽，銷其客氣，深乎若強弩之握機，韜乎若寶劍之斂鍔，所以養勇也。屍居而龍見，淵嘿而雷聲，聖人之事也……（《辛未會試程策三》）

嗚呼！公之所言如此，其於所取之士，誠可謂愛人以德，屬望綦殷者矣。雖然，公之借選士以轉移學風，挽回世道，特其教育政策之發軔焉已耳。洎其既秉國鈞，乃採取更進一步之手段，而致力於整頓學風之運動，其方法則以慎選學官厲行督導為入手。公於萬曆二年請敕吏部慎選提學官。翌年復上疏痛陳慎選學官對於振興人才關係之重要。其言曰：

竊唯養士之本，在於學校；貞教端範，在於督學之臣。我祖宗以來，最重此選，非經明行修端厚方正之士，不以輕授。如有不稱，寧改授別職，不以濫充。且兩京用御史，外省用按察司風憲官為之。則可見居此官者，不獨須學行之優，又必能執法持憲正己肅下者，而後能稱也。《記》曰「師嚴然後道尊」，道尊然後民知敬學。臣等幼時，猶及見提學官多海內名流，類能以道自重，不苟徇人，人亦無敢於以私者。士習儒風，猶為近古。（《請申舊章飭學政以振興人才疏》）

此往昔之盛況也，其在當時則何如？曰：

近年以來，視此官稍稍輕矣。而人亦罕能有以自重。既無卓行實學以壓服多士之心，則務為虛譚賈譽，賣法養交，甚者明開倖門，明招請託；又憚於巡歷，苦於校閱，高坐會城，計日待轉。以故士習日敝，民偽日滋，以馳騖奔趨為良圖，以剽竊漁獵為捷徑，居常則德業無稱，從仕則功能鮮效。祖宗專官造士之意寖以淪失，幾具員耳（同上）。

第十五章　江陵之政術（五）——教育政策

夫學官之於士習儒風，影響之深且巨也如彼，而其末流之疲玩不振也如此，是則非嚴加整飭，不足以挽狂瀾於既倒矣。整飭之方，除陳請重申前諭，慎重學官人選，有不稱者，責令吏部奏請改黜，借資督促外，公復重按成規，列舉學官之職掌，曉以應行督導之事項，示以應予奬懲之準則，以之備載新敕，昭示天下。其用意即在「使居此官者知上之所以責之者如此，則雖被怨蒙謗而有所弗恤；人之視之，亦將歛手息喙而莫之敢撓。撫按以此核其能否，部院以此定其黜陟。使人皆知敦本尚實，而不敢萌僥倖之心」（同上）。此法既行，則為學官者，安有不「遵奉上命，恪恭乃職，而責士子以率從其教」者乎？宜其謂為「振奮人才之一大機也」（同上）。至此項敕諭內所列舉之職掌，其要點略如左列各端：

一、各提學官督率教官生儒，務將平日所習經書義理，著實講求，躬行實踐，以需他日之用；不許別創書院，群聚徒黨，及號招他方游食無行之徒，空談廢業，因而啟奔競之門，開請託之路。

一、生員中有敦本尚實行誼著聞者，雖文藝稍劣，亦必量加奬進，以勵頹俗。若有平日不務學業，囑託公事，或捏造歌謠，興滅詞訟，及敗倫傷化，過惡彰著者，體訪得實，不必品其文藝，即行革退。一天下利病，諸人皆許直言，唯生員不許。今後生員，……除本身切己事情，許家人抱告（外），……其事不干己，輒便出入衙門，陳說民情，議論官員賢否者，許……以行止有虧革退。

一、今後務將頒降《四書》、《五經》、《性理大全》、《資治通鑑綱目》、《大學衍義》、《歷代名臣奏議》、《文章正宗》及當代誥律典制等書，課令生員誦習講解，俾其通曉古今，適於世用；其有剽竊異端邪說炫奇立異者，文雖工弗錄。

一、提學官奉敕專督學校，不許借事枉道，奔趨撫按官，干求薦舉；……有行止不端怠玩曠職者，許巡按御史指實劾奏。

一、該管地方每年務要巡視考校一遍，不許移文代委，及於隔別府分調取生儒，以致跋涉為害；……不許令師生匍匐迎送；……不許攜帶文卷於別處發案，致令吏書乘間作弊，士子無所勸懲。

一、提學官巡歷所屬……不許接受民詞，侵官喜事；其生員犯罪，……不許護短曲庇，致令有所倚恃，抗拒公法。

一、廩膳增廣舊有定額；迨後……冒濫居多。今後歲考，務要嚴加校閱。……

若鄉宦勢豪干托不遂，暗中行傷者，許逕自奏聞處治。

一、名宦鄉賢孝子節婦及鄉飲禮賓，皆國之重典，風教所關。近來有司忽於教化，學校是非不公，濫舉失實，激勸何有？今後提學官宜以綱常為己任，遇有呈請，務須核真；……如有妄舉受人請求者，……即以行止有虧論。（同上）

江陵借整飭學官以糾正士習，借糾正士習以挽回世道人心，其教育政策之嚴謹精密，有如此者。雖其實施所及，因嚴課學官而學官怨，因限制士子而士子怨，因禁設書院，而舉凡恣情橫議聚黨虛談之士大夫階級幾無不怨，公固以眾怨而叢於一身，然而其黜浮崇實之教育政策，則誠所謂「建諸天地而不悖，質諸鬼神而無疑，百世以俟聖人而不惑」，彼其企圖以教育手段完成政治目的之荩謀卓慮，寧不震今鑠古獨有千秋乎哉！

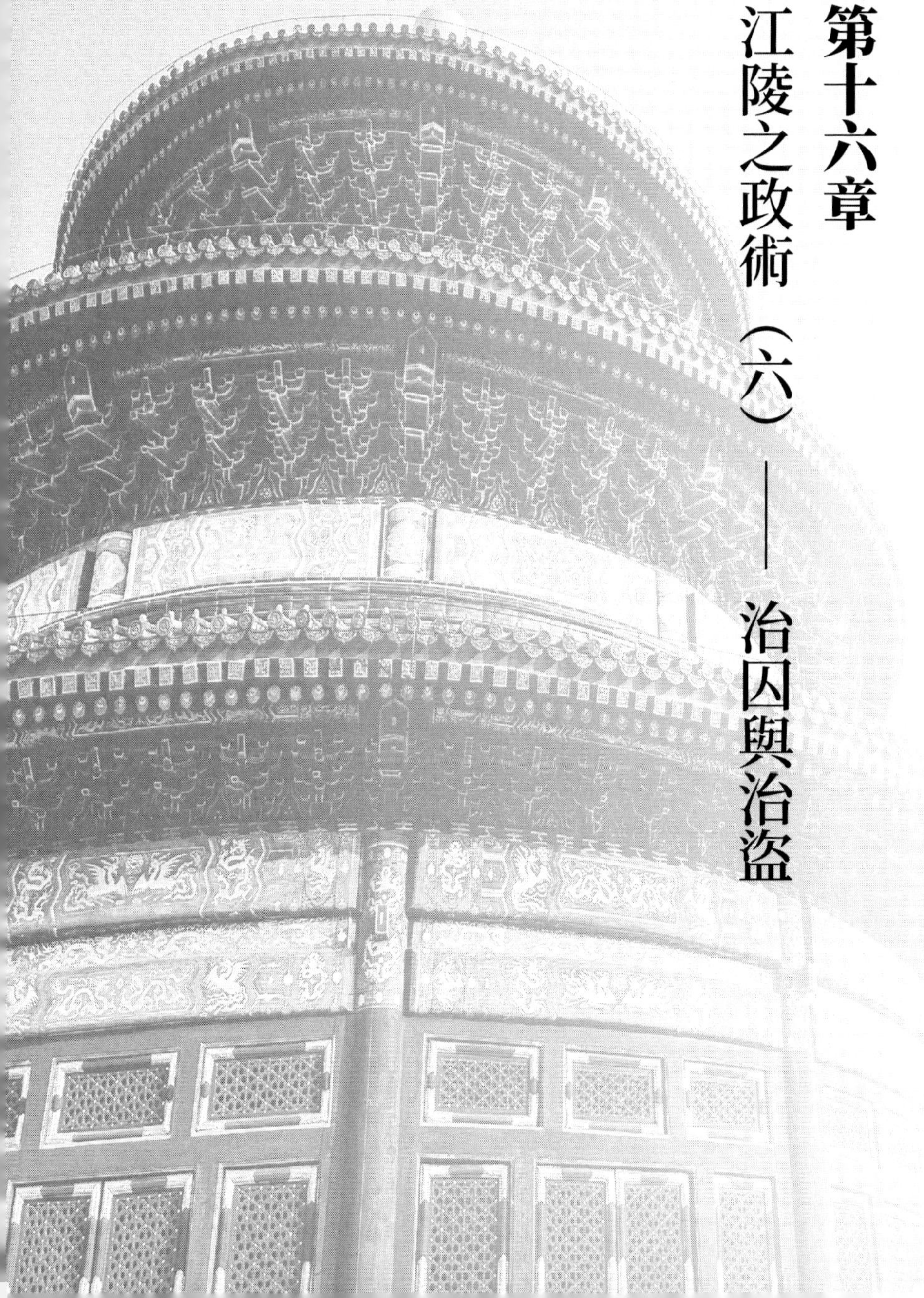

第十六章

江陵之政術（六）——治囚與治盜

第十六章　江陵之政術（六）—— 治囚與治盜

江陵援法入儒，以用威為其施政之主要手段，吾固嘗屢言及之。其所以力主用威者，固在實行其「綜核名實信賞必罰」之一貫的主張，而其時代環境之客觀條件，亦有以使其不得不出於用威之一途。蓋自世宗崇信道教以還，對於獄囚力主寬厚；其於輕囚固無論矣，即對於觸犯刑章罪在不赦之重囚，如殺人越貨忤逆悖亂諸犯，亦多不依例按年處決，有時甚或濫施法外之恩，曲加赦免。刑罰之不公既至此極，則彼懦弱者何恃而不冤沉海底，彼強悍者又奚憚而不橫行無忌者哉？江陵深知斯弊，故於治囚乃力主從嚴，藉以矯正前失。其關於此一方面之見解，具見於《論決重囚》一疏，蓋當萬曆五年神宗將次大婚時，慈聖太后諭令暫免行刑，公乃乘機上此疏以力爭也。公之言曰：

明王奉若天道，其刑賞予奪，皆奉天意以行事……若棄有德而不用，釋有罪而不誅，則刑賞失中，慘舒異用，非上天所以立君治民之意矣。……夫文王視民如傷，古所稱仁聖之主，而於此等（不孝不友）之人，亦必刑之而無赦者，良以為惡之人，彼自蹈於刑辟，雖欲生之而不可得也。且稂莠不鋤，嘉禾不茂，冤憤不泄，戾氣不消。今聖母獨見犯罪者身被誅戮之可憫，而不知被彼所戕害者皆含冤蓄憤於幽冥之中，……獨奈何不忍於有罪之兇殘，而反忍於無辜之良善乎？其用仁亦舛矣！況此等之人，節經法司評審，九卿大臣廷鞫，皆已眾證明白，輸服無辭，縱令今年不決，將來亦無生理，不過遲延時日，監斃牢獄耳。然與其暗斃牢獄，而人不及知，何如明正典刑，猶足懲奸而伸法乎？（《論決重囚疏》）

觀公此疏之愷切陳詞，即可知其於素所服膺之法治主義，推行不遺餘力，而數十年來姑息養奸、法令不行之積弊，亦且因以掃蕩無餘矣。

至關於盜賊方面，公於其起因雖認系由於貪吏之驅迫，而力主懲貪以安民（見本編第十一章）；即其請蠲逋賦，亦因大江南北大饑，民或相聚而為盜，故公引以為憂而屢為是請；然不軌之民既已挺身而為盜，公對之則仍一本除惡務盡之精神，厲行犯則必誅之禁令。故其言曰：

撫按（應）嚴督兵備等官，整飭武備，時當體訪，如有盜賊生髮，務要即時從實申報，重大者奏聞，寬限設法緝捕。（《答應天巡撫孫小溪言捕盜》）

由此可見公治盜之嚴。至其所以主張治盜從嚴者，則公固自有其說。公曰：

殺以止殺，刑期無刑，不聞縱釋有罪以為仁也。「苟子之不欲，雖賞之不竊」，此孔子箴病之言。是時魯失其政，寵賂滋彰，故言此以警之。若謂徒不欲可以弭之，無是理也。夫人之可以縱情恣意，有所欲而無不得者，莫逾於為盜；而秉耒持鋤，力田疾作，束縛以禮法，世之所至苦也。安於其所自苦，無所懼而自不為非者，唯夷由曾史為然。今不日吾嚴刑明法之可以制欲禁奸也，而徒以不欲率之，使民皆釋其所樂，而從其所至苦，是天下皆由夷曾史而後可也。…… 異日者，有司之不敢捕盜也，以盜獲而未必誅也。不誅，則彼且剚刃於上，以毒其讎而合其黨。故盜賊愈多，犯者愈眾。今則不然，明天子振提綱維於上，而執政者持直墨而彈之，法在必行，奸無所赦。論者乃獨用懦者姑息之說，衰世苟且之政以撓之，其毋乃違明詔而詭國法乎！（《答周友山言弭盜非全在不欲》）

「殺以止殺，刑期無刑」；「法在必行，奸無所赦」。此與韓非所謂「上設重刑而奸盡止」，商鞅所謂「以刑去刑」者，殆互為表裡。治囚治盜之要訣存乎此，法家之極則亦莫不存乎此，於以見公法治主張之堅決矣。而其結果究何如？則《明史》固已言之。曰：

時承平久，群盜蝟起，至入城市劫府庫，有司恆諱之。居正嚴其禁。匿弗舉者，雖循吏必黜。得盜即斬決，有司莫敢飾情。盜邊海錢米盈數，例皆斬，然往往長系，或瘐死。居正獨亟斬之，而追捕其家屬。盜賊為衰止（江陵本傳）。

夫公之於盜賊，既以懲貪安民清其源，復以極刑嚴治遏其流，則盜賊之因以衰止也固宜。觀乎明代盜賊之跳樑為禍，幾於史不絕書，而明室且終為盜賊所覆滅。是則當公柄政之時，盜賊得以肅清，閭閻因之安謐者，謂非公懲貪安民極刑嚴治之功耶？「夫嬰兒不剃首則腹痛，不[illegible]痤則寖疾，而慈母之於愛子，必剃且[illegible]之者，忍於其所小苦，而成其所大快也」。公之行為，固以用威而近於嚴酷矣。然公固以嚴治為善愛，欲以忍於其所小苦者，使成其所大快。然則公之動機，以視彼姑息養奸者，其仁之大小為何如哉！

第十七章

江陵之學術與著述

第十七章　江陵之學術與著述

江陵為一實行家，而非理想家，為一躬行實踐之大政治家，而非高談主義之政治學者；故其學術上之造詣雖斐然可觀，第皆於其功業方面為具體之表現，而非可於文字中求之。此以衡諸中外古今之偉人，殆莫不如是，固不獨江陵為然也。公生平於為學之道，認為事之與學，二者乃合一而不可分，故除本身之職事而外，別無超然獨立之學術。其言曰：

《記》曰：「凡學，官先事，士先志。」士君子未遇時，則相與講明所以修己治人者，以需他日之用。及其服官有事，即以其事為學，兢兢然求所以稱職免咎者，以共上之命。未有舍其本事，而別開一門以為學者也。（《答南司成屠平石論為學》）

又曰：

古之君子始終典於學：居則學於父兄宗族，出則學於君長百姓，莫非學也。夫欲捨學以從政，譬之中流而去其楫，蔑以濟矣。故學無間於顯晦，然後其志一；志一然後其神凝；如是而暢於四肢，發於事業，則其政精核。推此以言，則政亦學也。世言政學二者妄也。（《贈畢石安先生宰朝邑序》）

似此「政學合一」之主張，直以學為畢生從事之目標，未仕以前，固以學為從政之初基，既仕以後，更以政為所學之實驗，政學二者乃成為一體。此與孔子所謂學優則仕仕優則學者相衡，似猶更進一步。公之作此主張，自係受陽明先生「知行合一」學說暗示之影響。唯公之所謂「即以其事為學」，所謂「政亦學」，若以與陽明所謂「心即理」者相較，則公之學為實踐的，為社會的，為事功的；陽明之學為理論的，為個人的、為哲學的；陽明最後之目標只在獨善其身，而江陵思想之鵠的則在兼善天下；其視野既有廣狹之不同，而其成分則陽明係引儒就釋，而江陵則係援法入儒，更屬迥然互異。然當公之時，王學正瀰漫天下，其末流所趨，遂至群溺於粗率空虛，流連忘返；公乃毅然一反其向，而務以敦本崇實為歸。舉世滔滔，公不且為中流之砥柱哉！

公之學術，無論自其思想之出發點或歸宿點觀之，與其功業幾成為平行之動向。茲試即其生活歷程中一探其究竟。公一生之歷史，自其學術之立場而論，約可分為萌芽、變化及成熟之三大時期；自其功業之立場而論，又可分為孕育、挫折及完成之三大時期。自少年以至入仕，其學術之萌芽時期，亦即功業之孕育時期也。迨歸田而養晦，其學術之變化時期，亦即功業之挫折時期也。自再起以至柄政，則其學術之成熟時期，亦即功業之完成時期也。在第一時期中，公之學術基礎初經奠立。始則潛心舉業，第視為干祿之階，既乃馳騖古典，始漸明修養之道。其於父母戚黨之督教，與夫老師宿儒之激勵，既足以高其自視，堅其自信，因而增進其修養；而服官翰林時，更獲盡讀中祕之書，並從事於當代文物典章之探討，與夫政情世務之研求。至是公始由呫嗶之小儒漸進而為通才碩學，其未來之「將相才」亦即奠基於此。吾所謂學術萌芽功業孕育之時期者此也。在第二時期中，公以磊落奇偉之才，扼於君庸臣奸之勢，置身閒散，有志莫伸，不得已而遺世獨往，引疾歸田。雖以其具有積極之用世的人生觀，未即遽萌消極出世之感想；然而一腔孤憤，積鬱難平，使非因歷游名勝，而頓生「不隨物為欣戚混溟感以融觀」之悟境，則其超然物外之觀念終未由而產生，精神上之修養自亦未由躋於登峰造極之地步。此其於「博覽載籍，貫穿百氏，究心當世之務」而外，殆必從事內典之研求也。觀其集中談禪警語，如所謂「願以深心奉塵剎，不於自身求利益」（《答李中溪有道尊師》）；所謂「近日靜中悟得心體，原是妙明圓淨，一毫無染」（《寄高孝廉元谷》）；所謂「此中靈明，雖緣涉事而見，不因涉事而有；倘能含攝寂照之根，融通內外之境，知此心之妙，所以成變化而行鬼神者，初非由於外得」（《答西夏直指耿楚侗》），即可知其於佛學悟解之深矣。江陵生活過程中，唯此一時期之環境與心情最易接受佛學之影響；即其超然物外之觀念，亦未始非因參悟佛學而產生。然則江陵於此一時期中，雖亦貫穿百氏，究心世務，但謂其所受佛學影響為最深，當不致有若何之錯誤。猶幸賴其具有積極之用世的人生觀，始不至落於佛家虛空寂滅之歧徑。由此可知其日後之幡然再起，誠為其畢生功業興滅繼絕之關鍵矣。吾所謂學術變化功業挫折之時期者此也。至其於第三時期中，初則備位成均，繼複列身卿貳，終乃以潛邸侍從之舊臣，而特蒙知遇，簡在帝心，竟一躍而躋於閣部之尊，寖假而復膺鈞衡之任。身為元老，受遺輔六尺之孤，威鎮群僚，銳意定一尊之制。其間雖以扼於群小，備受謗尤；最後終獲集中相權，畢伸抱負。就個人言，則以一介儒臣，而為十數載安危之所繫；就國勢言，則以累世積弱，而挽百餘年社稷於將傾。蓋公於此一時期中，始獲盡出其生平素所服膺之法家學說，一一著為政令，見諸實行，使之發為奇葩，結成異果。於是其幼時所讀之儒書，壯歲所研之佛典，以及當代之文物典章，政情世務，凡為其往昔所探討研求者，至是乃如百川歸海，眾星拱辰，悉成為其法治主義之附庸，而受其「綜核名實信賞必罰」之主張所支配。公雖以傳統關係，仍不得不以儒者為標榜，以期見容於當時；顧其既已援法入儒，而以法治為施政之方針，則儒為其名，法為其實，自己毫無疑義。觀其法治思想之

第十七章　江陵之學術與著述

迥異群流，固無怪其畢生功業之昭垂千古；唯其畢生功業之昭垂千古，更可見其法治思想之迥異群流。然則公之法治主義，蓋即其十年政績之理想；而其十年政績，亦即其法治主義之實行。二者不特互為表裡，抑且合而為一。此正與公所謂「政即學」，「即以其事為學」者若合符節，而其終成為一躬行實踐之大政治家，亦固所宜然矣。吾所謂學術成熟功業完成之時期者此也。夫公之學術既歷萌芽、變化、成熟之三大過程，公之功業亦經孕育、挫折、完成之三大階段，兩者之互相平行也有如此；然則公之十年政績，如吾於前數章之所述者，謂為公之成功傳固可，即謂為公之修學記亦無不可。嗚呼！政學合一如公者，其敦本崇實躬行實踐之精神，以視彼游談無根之學者，相去固不可以道理計，而以視彼不學無術之實行家，亦何可同日而語乎？

明乎此，乃可與論公之學術矣。公之功業既為其學術之具體的表現，然則其功業所表現之學術究何如？公之十年政績，其出發點為援法入儒；其宗旨為法治主義；其方法為綜核名實，信賞必罰；其成績為：紀綱由廢弛而歸於整飭，吏治由貪黷而歸於嚴明，盜賊由寬縱而歸於杜絕，武功由沒落而歸於振興，財源由竭蹶而歸於充盈，學風由空疏而歸於質實，其尤著者，則為民生由凋敝而趨於頓蘇，國勢由衰頹而趨於復振。試按其一生功業，法家固為其思想之所宗，事功之所繫；然公之學術固非僅限於法家，而於我國固有之學術，幾無不兼收並蓄，融會而貫通之。如儒家之忠君事上，節用愛人，可見之於其為政；兵家之因勢制宜，出奇決勝，可見之於其治軍；佛家之廣大含攝，解脫無礙，可見之於其處己立身；名家之正名定分，不競不私（出《尹文子．大道篇》），可見之於其馭眾使下。凡他人孜孜矻矻，殫其畢生精力而未由窮其一端者，公乃予取予求，左右逢源，而悉收為己用。由此觀之，公之功業固多方發展，公之學術尤萬象包羅。成功如彼，績學如此，求之中外古今之大政治家中，豈易多覯哉？公誠可謂得天獨厚，行己有方者矣！

至就其著述言之，清《四庫全書提要》云：「《太岳集》四十六卷（浙江巡撫采進本），明張居正撰。居正有《書經直解》，已著錄。神宗初年，居正獨持國柄，後毀譽不一，迄無定評。要其振作有為之功，與威福自擅之罪，俱不能相掩。至文章本非所長，集中奏疏啟札最多，皆在廟堂時論事之作，往往縱筆而成，未嘗有所鍛鍊也。」（見《清四庫全書提要》集部別集類）此中評論江陵著述之語，固有似乎貶詞，而適亦成為讚許。蓋公之學術，既以敦本崇實為歸，而非可於文字中求之；則公之於文字，自非如呫嘩小儒之斤斤於尋章摘句，舞文弄墨，而沾沾以自喜；充其極亦第以著述為其事功之輔助及補充而已。彼以庶政萃於一身，大權操之一己，亦奚暇於其文章有所鍛鍊，抑亦奚屑於其文章有所鍛鍊乎哉！

今按江陵之著述，有全集、分集及專書三大類。

全集於明萬曆四十年，即江陵歿後之三十年，始由其子嗣修編次刊行，定名為《文忠公張太岳文集》。據嗣修所為凡例云：「先公文集在舊記室所者，自嗣修等逢難後十餘年，始得完歸；存者十八，逸者十二，如少年所作諸賦全逸，應制詩敕撰文逸十之二；僅據存者編次之，凡為詩六卷，為文十四卷，為書牘十五卷，為奏對十一卷，合之則為全集，離之亦可為四種」。此項初刊本凡四十六卷，目次具如上述；卷首冠以沈鯉之序，呂坤之書後，公子嗣修之《編次先公文集凡例敬題》及《書牘凡例敬題》，懋修之《先公致禍之由敬述》，及劉芳節之《太岳先生文集評》；卷尾附有馬啟圖之《張文忠公詩跋》及高以儉之《太師張文忠公集跋》等。此即清四庫全書本，國立北平圖書館亦藏有是本。其後又有江陵鄧氏翻刻本，增《行實》一卷，共四十七卷。道光八年又有陶澍重刻本，以初刊本之原序別為一卷，合《行實》一卷，共為四十八卷，卷首冠有陶澍、陳鑾之兩序。光緒二十七年又有奭良依據明本、鄧本及陶本重刊之改訂本，卷數依明之初刊本，而編次則大加變動：首《奏疏》，次《書牘》，次《文集》，次《詩集》，次《女誡直解》；而以《行實》及前刊各本之序列及有關江陵之記載與評論，合為附錄二卷；易名為《張文忠公全集》。湖北崇文書局另刊有《張文忠公集》。民國間又有重刊四十八卷本。此四十八卷本，亦即坊間之通行本也。

全集而外，復有分集，即全集之分刊單行本也。分集共有數種：（一）《張文忠公奏疏》，公歿後未幾即有刻本行世，尚在全集刊行以前；（二）《張文忠公書札奏疏》，清無錫顧梁汾纂輯；（三）《張文忠公太岳先生詩》，明孔自來纂輯；（四）《張江陵書牘》，分上下二冊，群學社近始印行。前三種現已絕版，後一種坊間雖有出售，亦不易得。唯此項分集多不出全集之範圍，有全集在，分集之絕版固無關重要也。

專書係指公所主編之《帝鑒圖說》、《四書直解》、《書經直解》、《通鑒直解》、《謨訓類編》、《大寶箴注》、《貞觀政要解》、《承天大志》等書而言。此類書籍，均系公為指導神宗而作，不外乎以為君之道，版本於明時俱存內閣，鼎革後已成《廣陵散》。唯此類書籍初與公學術無關，其絕版自亦無足重視。

第十七章　江陵之學術與著述

江陵所有著述中，最可考見其功業與學術者，厥為其《全集》中之奏疏書牘；詩文則居次要；而專書無與焉。蓋奏疏為其對君上陳述政見治術之文書，書牘為其對師友僚屬辯說指導之工具，其功業之消息，學術之造詣，胥可於此中見之。尤以公之書牘，公子嗣修於其凡例中謂為「雖名簡牘，實同文移」，故與奏疏幾佔有同等之重要地位。此在江陵身後橫遭謗讟缺乏可靠史料之方面言之，尤足予研究江陵功業學術史者以莫大之便利。不然者，以公之謗留身後，史有闕文，苟非有公之著述以資考證，則治史者雖欲掃盡浮言，別成信史，幾何而不望洋興嘆；而曠絕中外古今之大政治家如公者，其橫遭埋沒，飲恨千秋之命運，又幾何而有撥雲霧而見青天之一日哉！此吾於敘述本章既竟，所不禁深致感喟者也。

第十八章

諸家之評論

第十八章　諸家之評論

江陵之一生，誠有如《四庫全書提要》所云，可謂毀譽不一，迄無定評。就大體言之，其生前及身後之三百餘年間，向皆毀多於譽；直至近數十年來，其功業始日漸膾炙人口；降至今日，則公之豐功偉業，已自有口皆碑，向之流言浮議，早隨時代推移而掃除罄盡矣。溯公之生平，其少年時期之幼聰蚤達，為人豔稱，及入仕時期之勤學廣交，蜚聲翰苑，固有似乎譽矣，而究無關於宏旨。及其歸田養晦，與世隔絕，則家庭之觖望，師友之憐才，自必在所難免，而社會對之，則初無毀譽之可言。蓋以公當功業孕育及挫折之兩時期，學固未顯，功亦未張，名尤未立；彼既未成為社會之中心人物，社會對之自亦無所謂毀譽也。迨其東山再起，復入仕途，更復受穆宗特達之知，經徐階密疏之薦，其功業完成之時期於焉開始；於是其政治生命乃由茲而飛黃騰達，而其所受之謗讟怨尤亦遂隨之而繼長增高。自是其功業愈進而愈隆，其所受攻擊亦愈趨而愈厲焉。方公之初入內閣也，以其「獨引相體，倨見公卿，無所延納，間出一語輒中肯，人以是嚴憚之，重於他相。」（《明史》本傳語）於是因畏而毀之者有之矣。公之在內閣，以綜核名實信賞必罰為其政治之主張，而「遇事有執持」（《行實》），遂與同僚李春芳、趙貞士、陳以勤、殷士儋等多不合，物議漸起。於是因忌而毀之者有之矣。及高拱因得罪馮保而去位，疑公陰為主使，遂積其怨毒於公，雖至病榻彌留，而猶切齒為申申之詈。於是因疑而毀之者有之矣。洎公既柄國政，務反儒者因循寬縱之設施，力以綜核名實為己務；因之好談寬大之儒生，習尚自申之僚屬，俱深感其不便。而余懋學、傅應禎、嚴用和、劉天衢、徐貞明、李禎、喬岩、劉臺之徒，遂群起而對公大肆其攻擊，此僕彼繼，歷久不衰。是則藉口尊儒以毀公者又有之矣。及奪情議起，而吳中行、趙用賢、艾穆、沉思孝、鄒元標等，更假借名教之傳統的觀念，或則謂奪情為「過舉」（吳中行語），或竟詈江陵為「禽彘」。（鄒元標語）是則藉口名教以毀公者又有之矣。其後，以御史趙應元託疾乞休之細事，王用汲竟藉以攻擊江陵，勸神宗當獨攬乾綱，不宜委政於眾所阿附之元輔，是則藉口專擅以毀公者又有之矣。試考其致謗之由，則公之厲行法治，綜核名實，賞罰嚴明，不少假借，在公視為施政要圖救國急務者，顧以因循玩愒積弊已深之社會當之，安往而不大相鑿枘群起而攻者乎？是以嚴辦盜賊而盜賊怨，痛懲豪右而豪右怨，戒飭士子而士子怨，裁汰冗員而冗員怨，譴責言官而言官怨，督促僚屬而僚屬怨，糾察閣僚而閣僚怨，控制宦官而宦官怨，抑制外戚而外戚怨，更上而教導君主而君主亦怨。至是而舉國之朝野上下，幾無一非怨公之人，公乃以一身而為眾矢之的。

下焉者，怨毒所中，謗毀固隨之而生；上焉者，怨毒所加，禍患且因之而起。因之公歿未及兩年，僉人宦官張誠其人者，乃以公家擁有多金，故聳神宗之聽聞，神宗亦以心豔公家多金而予以籍沒。於是公遂以蓋世之大勛，而蒙削官奪謚之冤，幾罹身後戮屍之禍。嗚呼！怨毒與謗毀之加，固有如此其不測者。吾人瞭然於公致禍之因，能無道高一尺魔深一丈之感乎！

雖然，語有之：是非自有天理，公道自在人心。公之蒙不白之冤，遭飛來之禍，在今日固已大白於天下；即在當時，陰謀下石者固不乏其人，主持公道者亦大有人在。方籍沒公家之旨既下，刑部右侍郎邱橓奉命偕宦官張誠赴江陵原籍查抄。橓等「籍其家恐不中程，乃拘其諸子，備極搒笞」（周聖楷所撰公本傳）。大學士許國曾致書邱橓云：

> 明旨無罪及云云，願推罪人不孥之義，以成聖主好生之仁，且無令後世議今日輕人而重貨也。上累聖德，中虧國體，下失人心，奉旨行事者亦何所辭其責？（見《全集》附錄一《高以儉《太師張文忠公集跋引》》

申時行亦云：

> 聖德好生，門下必能曲體，不使覆盆有不照之冤，比屋有不辜之累也。（同上）

侍講於慎行亦遺檞書，略曰：

江陵殫精畢智，勤勞於國家，陰禍機深，結怨於上下。當其柄政，舉朝爭頌其功而不敢言其過：今日既敗，舉朝爭索其罪而不敢言其功：皆非情實也。且江陵平生以法繩天下，而間結以恩，此其所入有限矣。彼以蓋世之功自豪，固不甘為汙鄙，而以傳世之業期其子，又不使濫有交遊，其所入又有限矣。若欲根究連株，稱塞上命，恐全楚公私重受其困。又江陵太夫人在堂，八十老母累然，諸子皆書生，不涉世事，籍沒之後，必至落魄流離，可為酸楚。望於事寧罪定之後，疏請於上，乞以聚廬之居，恤以立錐之地，使生者不致為欒、郤之族，死者不致為若敖之鬼，亦上帷蓋之仁也。（周聖楷所撰公本傳）

凡此皆不失為公道主張，殊屬差強人意。但檞得書，俱不聽，仍多方羅織。潘季馴以治獄太急，疏請恤之，又為言官李植劾去。自是逢君之惡以毀公者，更覆信口雌黃，肆無忌憚，幾不知人間有所謂公道是非矣。迨歷時既久，張四維等務以寬大之政迎合上意，結納人心，一反公之所為，以求保持祿位，朝綱因以大壞，而江陵畢生殫精竭力以慘淡經營者，幾盡歸於烏有。於是世人始漸追念公之政績，而稍稍加以稱許。萬曆十八年，蔡時鼎疏劾申時行有云：

夫居正之禍，在徇私滅公；然其持法任事，猶足有補於國。今也改革其美，而紹述其私；盡去其維天下之心，而巧私其欺天下之術；徒思邀福一身，不顧國禍。若而人者，尚可俾相天下哉！（見《明臣奏議》）

此猶寓褒於貶，不敢直頌其功，然已足為公吐氣。及萬曆四十年公子嗣修蒐集遺著，刊次行世，然後江陵之功業乃漸為人重視。如沈鯉序公遺集所雲，即已極盡頌揚，大申正論。鯉之言曰：

太岳張公集若干卷，即公之相業也。當時主上（指神宗）以沖齡踐阼，舉天下大政，一一委公。公亦感上恩遇，直以身任之，思欲一切修明祖宗之法，而綜核名實，信賞必罰，嫌怨不避，毀譽利害不恤。中外用是凜凜，蓋無不奉法之吏，而朝廷亦無格焉不行之法。十餘年間，海內清晏，蠻夷賓服，不可謂非公之功也。唯是人情憚檢束而樂因循，一旦以法繩之，若見以為苛。而公持之益堅，爭之益力，以是遂與世齟齬。而又有一二非常之事，有眾人未易測識者，其跡不無似愎，似少容，似專權，似純任霸術，似與金革變禮終未盡合。上一時雖優容，實已不能無疑。此公既謝世，言者益诪張為詞，上眷寵既移，而公家之禍遂不可解矣。至今觀場者猶多煩言。顧其先法後情，先國事，後身家，任勞任怨，以襄成萬曆十年太平之理，我明相業，指固未易多屈也。（見《全集》附錄一沈鯉《張太岳集序》）

鯉為公所取士，作序時官大學士禮部尚書，而所言質直如此，且亦不因師誼而於公有所隱徇，殊屬難能可貴。同時公另一門下士呂坤為公遺集書後，於公之功業及精神，尤有精到之批判，略謂：

先生……豐功偉績昭揭宇宙，至今不可磨滅者，則一言以蔽之曰：任。……今上以十齡御九五，……當是時，兩宮有並後之尊，諸璫操得肆之權，外戚有夤緣之藉，宜大值那吉之入，兩廣興懷遠之師，海內多頹靡之政，當斯任者，顧不難歟？先生念顧托之重，受聖主之知，以六合重擔荷之兩肩，以四海欣戚會為一體，無所諉托，毅然任之。顧任天下之勞易；任天下之怨難。先生以一身繫社稷安危，愛憎毀譽等於浮雲。以君德之成敗責經筵，故帝鑒有圖，日講有規。以監局之縱畏關治亂，故付之主者，嚴其約束。立考成以督撫按，節驛遞以恤民窮，限進取以重學校，核地畝以杜分欺，額舉刺以塞私門，並催科以繩勢逋，重誅讉以儆貪殘，申宗藩之例，裁冗濫之員，核侵漁之

第十八章　諸家之評論

餉，清隱占之屯，嚴大辟之刑，俾九圍之人兢兢輯志，慢肆之吏凜凜奉法，橫議之士息邪說而尊王，事可安常者，不更張以開後釁之端；時當變通者，不因循以養極重之勢。維泰山而捧金甌，俾內難不萌，外患不作，北無敵國之亂，南無擅命之雄，五兵朽鈍，四民安康。此之為功，伊誰功哉？則先生肯任之心，勝任之手，斷斷乎其敢任之效也。設先生避難險，計身家，藉一人殊眷，結四海歡心，國家威福盡足以供之，其誰不悅？即不然，而優遊暇逸，循敝轍，守陋規，上下習而安之，其誰生怨？而先生不為也。噫，伊尹之任，寧是過乎？（見《全集》附錄一呂坤書《太岳先生文集後》）

自是以後，私家對於江陵之評論乃漸入正軌。唯以慴於專制淫威，終神宗之世，迄無敢為公聲訴沉冤者。降至天啟年間，始由鄒元標為之奏準復原官並賜予祭葬。至是公之有功無罪，始重獲朝廷之認可，然距公之歿，已歷四十年之久，而明祚亦且岌岌垂危矣。（按：鄒元標在公生前，曾對公肆行攻擊，詈為「狗彘」——見本編第十章——且因之而被杖責放逐；乃於公身後竟以直報怨，代雪沉冤，亦一有心人哉。）及崇禎末年，國事愈敗壞不可收拾，國人乃益追思江陵之功，尚書李日宣等於崇禎十三年上疏，言：「故輔居正受遺輔政，事皇祖（神宗）者十年，肩勞任怨，舉廢飭弛，弼成萬曆初年之治。其時中外乂安，海內殷阜，紀綱法度，莫不修明，功在社稷，日久論定，人益追思。」帝可其奏，此時公歿已五十八年，明亡垂在旦夕，至是而始追頌江陵功德，不亦晚乎！此詩人所以有「恩怨盡時方論定，邊疆危日見才難」之慨也。（王啟茂《謁張文忠公祠詩》，見《全集》附錄二）明社既屋，世事變遷，公身後之謗原可隨時代以消逝，乃復以史稿出於反對者之手，「而挾私者快其報復，徇聲者務為深文」（見《全集》附錄二沈鯉《張文忠公論》），以致是非未明，功罪仍無從判定。其中如《明史》，如《明紀》，如《明鑒》，對公多未能秉董狐之直筆，雪千古之奇冤；而谷應泰之《明史紀事本末》尤復逞偏見之私，為誅心之論；胥不足以當信史之目。《明史》雖經公孫同奎於清康熙時《上六部稟帖》，瀝請釐正，而獲將「荒謬架誣之語」刪去（見《全集》附錄二張同奎《上六部稟帖文後附記》），但於公之功績，究仍語焉不詳，且多微詞，此在《明史》本傳，幾於俯拾即是，必須合約時諸人傳贊讀之，始能略窺梗概。其後雖有林潞、袁枚等人略申公論（林潞有《江陵救時之相論》一文，本編第十三章曾節引一段；袁枚《答洪稚存書》曾論及吳中行劾其座主江陵之不當；兩文均見《全集》附錄二），第僅片段論列，未足轉移視聽。於是公身後沉沒於《四庫全書提要》所謂「毀譽不一，迄無定評」

者，幾歷二百年之久。直至道光年間，陶澍為重刊全集，其序文有云：

明至嘉、隆時，上恬下嬉，氣象苶然，江陵張文忠公起而振之……其精神氣魄實能斡旋造化，而學識又足以恢之，洵乎曠古之奇才，不僅有明一代所罕覯也。唯是精能之至，近乎刻核，勞怨不辭，疑於專擅；惡聲所蒙，遂至巢傾而卵覆，其亦可哀也已！夫危疑之際，聖賢所難，曷幾如周公，而不免於流言，卒至缺斨破斧而後已，曆數百年，猶有執仁智未盡，以議其後者。世無孔、孟，安得有真是非？況江陵地非周公，而欲以天下之重，自處於伊尹之任，豈不難哉！（《全集》附錄二陶澍《重刻張太岳先生全集序》）

始能以公允之批評，正天下之視聽，可謂公身後第一知己。而同時陳鑾亦為公申辯，謂：

世之議公者，大抵謂奪情也，結馮保而傾新鄭（高拱）也。今試平情論之，奪情一節，誠君子所不與；然中世以來，宰輔習為故事，主少國疑，受恩深重，出處之際，人所難言。至謂公不欲去，諷部院留之，此文致之說，不足憑也。（按：此下系論公結馮保之出於權變，已見本編第八章引，不再贅）嗚呼！仲尼沒而天下無定評，《春秋》亡而天下無信史。……公之料邊防，察吏治，千萬里外，洞若觀火，英略如李贊皇（德裕）；

處兩宮幼主之間，深心大力，不激不隨，干濟如呂文靖（夷簡）。然贊皇為黨人（謂李宗閔、牛僧孺等）所排，文靖亦不悅於範（仲淹）富（弼）諸君子。甚矣，慷慨任事之難，而大臣謀國之心之不易白也。（見同上又序）

王闓運之《江陵書院記》，復謂：

昔聞曾文正公言：「張公與唐李太尉文饒（德裕字）皆以恢瑰負俗謗，而李承強固之後，張當窳鹽之極，其功尤偉。」（見同上）

又有官主事之監利人王柏心，除將江陵遺著進呈朝廷外，並作《憫忠賦》以志嚮往。賦中警句如：「緊夫子之枋政兮，實身崇而地逼。夫豈不知亢龍之悔兮，恐皇輿之敗績也。振蠱極之頹綱兮，佛眾情而不惜也。犯危機而履深穽兮，夫唯黨人之激也！」「功則隱而罪彰兮，福已盈而禍基。朝阿衡而夕渾敦兮，怨者又構之以南箕。」「勛烈輕於纖埃兮，釁罪積於邱山。懷忠信而攘垢兮，固自古而已然。」（見同上）顧為一時所傳誦。柏心又致書御史朱琦，稱江陵之功，琦覆書有云：

江陵，愚忠者也。蓋明知其害於身而為之者也；明知害於身而利於國，又負天下後世之謗，而勇為之者也。嗚呼，是真所謂愚忠者乎！（見同上《朱琦答王子壽比部書》）

第十八章　諸家之評論

琦之此數語，正與明海忠介（瑞）評公為「工於謀國，拙於謀身」（見周聖楷所撰公本傳後《毛壽登附識》）者，不謀而合。江陵地下有知，亦當引為知己矣。自是世人對公之觀感遂不復為史書所囿，而漸於公之遺著中求之；而公身後二百年之沉冤，亦漸以昭雪。降至近代，名流如梁氏任公、李氏岳瑞等，折衷泰西之學說，對我國歷史人物重新估定其價值，於公更備致讚揚，許為明代唯一之大政治家。

第十九章 結論

第十九章　結論

外史氏述《張江陵傳》既畢，於是作而言曰：

中國之無大政治家也久矣！非中國果無大政治家之天才也。政治天才之生也，雖不數數覯，恆曆數十百年而始一見；然而寡誠寡矣，固猶未至於無也。然則縱觀我國二千餘年之歷史，所謂大政治家者，何以竟曠世而不能一遇哉？此其故，誠非止一端矣。有天才矣，而無超人之抱負，未可也。有抱負也，而無獨到之主張，未可也。有主張矣，而不能行之以恆心，持之以毅力，尤未可也。凡此數端者，皆所以成為大政治家之必要的條件，殆缺一而不可者也。夫天才誠寡，天才而備具此必要之條件者則尤寡。此所以莽莽二千餘年，而所謂大政治家者，輒曠世而不能一遇也。

嗚呼！吾於是乃不得不心悅誠服於張江陵矣。江陵者初第一介之儒生耳。雖其幼時穎悟有異於常兒；顧其日常耳目之所接，帖括制藝而已矣，平生心志之所期，科舉祿位而已矣。父母戚黨之愛重與督教，愛重督教乎此也；老師宿儒之期許與激勵，期許激勵乎此也。使非其具有超人之抱負，務於帖括制藝科舉祿位而外，馳騖夫古典，廣事夫涉獵，以求所以自進其修養，其後更進而從事於當代文物典章之探討，與夫政情世務之研求，旁謀及於良師益友之晤談，以求所以自增其經驗；則其雖有大政治家之天才，又安得而研求其必需之學術，以發揮其固有之天才哉？吾故曰：有天才而無超人之抱負，未可也。借令具有此抱負矣，設或主張不慎，誤入迷途，又或見異思遷，徘徊歧路，則小之固足敗一己之謀，大之尤足僨國家之事，其罪失且由此而彰，功業仍未由而顯也。而江陵者，譬若醫家之對症投藥者然，於明室國勢寖衰之病源，則斷為紀綱廢弛，風習頹墮；於挽救當時國勢之方案，則決為綜核名實，信賞必罰；於促進復興之手段，則定為統一政令，集中相權；於實現復興之目標，則懸為國勢盛強，民生安樂。使非具有如此獨到之主張，則雖抱負絕人，仍無以展其技也。吾故曰：有抱負而無獨到之主張，未可也。借令有抱負，有主張矣，設竟首鼠兩端，投機取巧，持見可而進知難而退之旨，無破釜沉舟操刀必割之心，則仍無以掃除當前之障礙，完成不朽之事功也。乃江陵丁眾醉獨醒之際，當一傅眾咻之沖。以其體國公忠，任勞任怨，而人乃責以「威柄之操，幾於震主」（《明史》本傳語）；以其整飭綱紀，力振頹風，而人竟斥為獨攬大權，「僨事誤國」（劉臺語）。尤令其難堪者，厥在攻擊其個人之私德。如高拱之去，咎在權璫，而人則謂其附保逐拱，「賣交附璫」（谷應泰《明史紀事本末》評語）；奪情之舉，旨出兩宮，而人則詈為「禽彘」（鄒元標語）、「過舉」（吳中行語）、「忘親貪位」（《乞恢聖度

第十九章　結論

宥愚蒙以全國體疏》中引語）。凡此橫逆之來，其意固在假公濟私，挾嫌報復。在他人意志不堅，色厲內荏，或且中途變節，阿順取容。而公則勞怨不辭，歷十餘年如一日，堅貞自矢，亙千百祀而不渝；甚至不惜以其身為蓐薦，任人寢處其上而溲溺之。（《答吳堯山言宏願濟世書》）推其用心，蓋唯知竭誠報國，之死靡他，而於一己之利害得失，生死恩仇，固早已置之度外矣。吾故曰：有主張而不能行之以恆心，持之以毅力。尤未可也。唯其有天才，有抱負，有主張，而又行之以恆心，持之以毅力，然後公乃足當大政治家之稱而無愧，曠世不能一遇者，乃竟於明代隆、萬之年而一遇之也。

雖然，吾於公不能無慨焉。於記有之，「千金之子，坐不垂堂」（《史記．越世家》）；於傳有之，「匹夫無罪，懷璧其罪」（桓公十年《左氏傳》）。彼第稍積貲富已耳，猶知力以保身遠禍為戒，期免象齒焚身之慘，其果於自愛為何如也。夫政治之天才不世出，而僉壬之輩則恆有，小人恥獨為小人，而不願人之為君子。以公勳業之隆，威儀之重，固已足橫觸彼等之嫉視而有餘。矧又課之以紀綱，臨之以刑賞。凡公之所欲者，悉為彼輩所不欲；豈唯不欲而已，惡其不便而亟求所以摧毀之者，蓋亦繁有徒矣。以一人之所欲，不能敵天下惡而務求摧毀之者之眾。則公幾何而不成為眾怨之府，眾矢之的，必欲去之而後快哉？公生前既備受其謗毀攻擊，而終莫能擯之去，於是其身後之慘禍，乃為必然之勢矣。間嘗論之，以為公之為國為民，固甚多矣，而其自為則未免過少。公之於各家之學，幾無不窺其源而探其奧，而獨於道家思想，則似以其與法家本旨相逕庭，而不屑一顧。然而公之禍即基於此矣。老子之言曰：「道常無為，而無不為。」（第三十七章）又曰：「為者敗之，執者失之；是以聖人無為，故無敗，無執，故無失。」（第六十四章）又曰：「太上，下不知有之；其次親之譽之；其次畏之；其次侮之。」（第十七章）又曰：「天下之至柔，馳騁天下之至堅。」（第七十八章）莊子之言曰：「古之蓄天下者，無慾而天下足，無為而萬物化，淵靜而百姓足。」（《在宥篇》）又曰：「故古之王天下者，知雖落天地，不自慮也；辨雖彫萬物，不自說也；能雖窮海內，不自為也。」（《天道篇》）又曰：「故君子不得已而蒞臨天下，莫若無為；無為也而後安其性命之情。」（《在宥篇》）彼其所謂無為也，無執也，無慾也，不言也，表面上雖有似乎消極，而實則以消極為手段，以積極為要歸，殆為君人南面之所不可少。蓋所謂無為者，非無所事事也，特不為其所不當為耳。所謂無執者，非隨眾浮沉也，特不執其所不必執耳。所謂無慾不言者，亦非素餐尸位噤若寒蟬之謂也，特借無慾以自致於「去甚去

第十九章　結論

奢去泰」（《老子》第二十八章），借不言以使百姓潛移默化於無形耳。道家之政治原則在於此。其預期之目的，則有如《老子》所謂「知其雄，守其雌，為天下溪；為天下溪，常德不離，復歸於嬰兒」（第二十八章）；莊子所謂：「夫天下至重也，而不可以寄其生，又況他物乎？唯無以天下為者可以托天下也。」（《讓王篇》）夫如是，而後人民始各「甘其食，美其服，安其居，樂其俗」（第八十章），而不知有之。彼於君之者且不知有之，尚何有於親之譽之乎？更無論畏之侮之矣。此則道家理想之鵠的，為江陵所鄙棄，而即因以招謗買禍者也；夫江陵所持以自守者，固一以淡泊寧靜公正廉明為旨歸，特其對於當時因循怠玩之民風，則疾之如仇，撲滅之唯恐不及。彼於當時之君臣上下，殆亦如老子之欲使「復歸於嬰兒」。唯老子第欲以天下之至柔馳騁天下之至堅，其態度殆有如慈母；而江陵則本法家綜核名實信賞必罰之立場，其自處遂儼若嚴父。嚴父之與慈母，其於所生愛護而期望之者固無不從同；特其態度既有嚴慈之差別，固已足引致不同之反應矣。是以江陵雖自忠誠以事上，公正以馭下，而當時之君臣上下，不便於其積極有為之措施，群欲去之而後快，畏侮且不足以稱其心，豈復愛而譽之乎？向使江陵於法家整齊嚴肅之中，稍參以道家柔慈之成分，吾知人民必且愛而譽之，不知有之，靡然就範，而同化於無形矣。如此則公為國為民之主張，固仍可貫澈，而公之自為者不已視當時公所已為者為多乎？夫以公之天縱聰明，縱忽於道家無為不言之旨，寧遂忘千金懷璧之戒？彼固明知尚猛用威之不利於其身，徒以激於為國為民之熱忱，而不惜打破得失毀譽之關頭，甘受天下之詆毀凌辱而不避。嗚呼！此誠千古絕大之悲劇，而與古今來之忠臣孝子異途同歸者矣！天下不乏有心人，能不為之廢書而三嘆乎？

善夫李氏岳瑞之論諸葛武侯也，其言曰：

夫所貴乎尚友古人者，必先審古人所處之時代，考其人群進化之程所同異於今日者何若，然後取其學術功業言論行事，與今昔之時勢一一比較而衡量之，何者宜於古而不宜於今，何者雖歷百世而不可易。古人往矣，而其精神乃常不泯於宇宙間，有以資後人之觀法。歷史家之有裨於群治也如此。非是者，則皆謂之空談無補之俗學耳。（見本書第三編敘論）

吾嘗執是語以審察張江陵之歷史，而後知其在我國政治史上實佔有超然不拔之地位，且其影響於天下後世，足資後人之觀法者，實至深且巨也。就時間言，江陵柄政之時，正當明代國勢興衰絕續之交，而江陵者實即司此由衰轉盛之樞紐。當時一般社會之

第十九章　結論

病態，厥為綱紀廢弛，因循怠玩。而公則務以法家嚴整之精神，挽救當時疲玩之人群者也。就空間言，當時中國實為全世界唯一之大帝國，君主專制之國體，早經生長而成熟，民權主張固尚未萌芽，而民族觀念則以外患日迫而漸次抬頭，民生思想亦以內亂迭乘而日趨尖銳。而公之政策，則對內唯以安定民生為首務，對外唯以保衛民族為前提者也。再就公之學術功業言，當時通行之學術為儒家學說，政治基礎為儒家之禮治主義；同時道教之思想，亦以君主之尊崇而佔有優勢。而公則務以法家之法治主義打破此儒道混同之傳統的政治，以貫澈其富國強兵之目的者也。至考其生平之政績，則公之用人與行政，屬於管的方面之設施也；公之教育政策，屬於教的方面之設施也；公之理財政策，屬於養的方面之設施也；公之將略與兵略，治獄與治盜，屬於衛的方面之設施也。以公所處之時代，而能具有如此之學術，造成如此之功業，遍觀往史，下焉者固無論矣，即就古今所謂大政治家者求之，其學術功業能與公相埒者，有幾人乎？吾所謂公在我國政治史上實佔有超然不拔之地位者，此也。

雖然，公之對於民族國家之貢獻，固猶不止於此也。嘗觀世之所謂偉人者，其豐功偉業非不煊赫一時也。然而當時則榮，沒則已焉。求其澤留後世常資矜式者，殆如鳳毛麟角焉。然則吾於此又不得不以江陵為巨擘矣。江陵之歿也，距今三百餘年矣。此三百餘年中，幾經世變，凡百改觀，今昔相衡，幾如別一天地。其間事事物物，受時代之淘汰，不復為世人所憶及者，蓋不知凡幾。而公之學術功業，則卓然屹立，價值常新。除昔為專制，今為民主，國體互有不同而外，凡公在政治上之宗旨與措施，在當時享有超然不拔之地位者，在今日幾無不足為後人所取法。抑豈唯取法而已，方且因其歷時既久，而愈易發現其永久之價值。如法治主義者，公之所拳拳服膺，而亦歐美列強立國之所基，富強之所本也。如綜核名實者，公之所津津樂道，而亦今日主行政者成功之鎖鑰，不二之法門也。如集中相權者，非即今日內閣制度之權輿乎？如管教養衛者，非即今日建國方法之因素乎？博稽史籍，學術功業之與公相伯仲者固亦不乏其人，然而求能如公之歷百世而不易，永垂後人之典則者，又幾人乎？吾所謂公影響於天下後世，足資後人之觀法者此也。

夫天才之大政治家不世出，而公之抱負與主張，乃適足與其天才相發揚相輝映，而又濟之以恆心與毅力，公誠天之驕子哉！以公學術功業之彪炳於當時，永垂於後世，公之精神固已不朽於人間，區區之毀譽得失，固無怪公之視若雞蟲也。昔海忠介（瑞）之論

第十九章　結論

公也，曰：「工於謀國，拙於謀身。」嗚呼！世猶有如公之工於謀國拙於謀身者乎？吾願執鞭以從之矣！

電子書購買

爽讀 APP

國家圖書館出版品預行編目資料

張居正傳：知人善任 × 力除弊政 × 託孤執政，力挽王朝之傾頹，明朝宰相第一人！/ 佘守德 著 . -- 第一版 . -- 臺北市 : 複刻文化事業有限公司 , 2023.11

面； 公分

POD 版

ISBN 978-626-97803-9-6(平裝)

1.CST: (明) 張居正 2.CST: 傳記

782.867 112016183

張居正傳：知人善任 × 力除弊政 × 託孤執政，力挽王朝之傾頹，明朝宰相第一人！

臉書

作　　者：佘守德
發 行 人：黃振庭
出 版 者：複刻文化事業有限公司
發 行 者：複刻文化事業有限公司
E-mail：sonbookservice@gmail.com
粉 絲 頁：https://www.facebook.com/sonbookss/
網　　址：https://sonbook.net/
地　　址：台北市中正區重慶南路一段六十一號八樓 815 室
Rm. 815, 8F., No.61, Sec. 1, Chongqing S. Rd., Zhongzheng Dist., Taipei City 100, Taiwan
電　　話：(02)2370-3310　傳　　真：(02) 2388-1990
印　　刷：京峯數位服務有限公司
律師顧問：廣華律師事務所 張珮琦律師

定　　價：299 元
發行日期：2023 年 11 月第一版
◎本書以 POD 印製
Design Assets from Freepik.com